Manual básico
de licitação

A Editora Nobel tem como objetivo publicar obras com qualidade editorial e gráfica, consistência de informações, confiabilidade de tradução, clareza de texto, impressão, acabamento e papel adequados. Para que você, nosso leitor, possa expressar suas sugestões, dúvidas, críticas e eventuais reclamações, a Nobel mantém aberto um canal de comunicação.

Entre em contato com:
CENTRAL NOBEL DE ATENDIMENTO AO CONSUMIDOR
Fone: (011) 876-2822 — ramais 259 e 262 — Fax: (011) 876-6988
End.: Rua da Balsa, 559 — São Paulo — CEP 02910-000
Internet: www.livros.com/nobel

Fatima Regina de Souza

Manual básico de licitação

Modelos de
- editais
- convite
- atas
- publicações

Como agir diante
de um procedimento licitatório

Nobel

© 1997 - Fatima Regina de Souza

Direitos desta edição reservados à
Livraria Nobel S.A.
Rua da Balsa, 559 — 02910-000 — São Paulo, SP
Fone: (011) 876-2822 — ramais 259 e 262 — Fax: (011) 876-6988
e-mail: nobel@livros.com

Coordenação editorial: Mirna Gleich
Assistência editorial: Maria Elisa Bifano
Preparação de texto: Ana Luiza França
Revisão: Telma Gonçalves
Produção gráfica: Mirian Cunha
Capa: João Lino
Composição: Maria Cristina Bugan
Impressão: Editora Parma Ltda.

Dados Internacionais de Catalogação na Publicação (CIP)
(Câmara Brasileira do Livro, SP, Brasil)

Souza, Fatima Regina de
  Manual básico de licitação / elaborado por Fatima Regina de Souza. — São Paulo : Nobel, 1997.

  ISBN 85-213-0952-X

  1. Licitações 2. Licitações — Brasil 3. Licitações — Leis e legislação — Brasil I. Título.

97-0945   CDU—351.712.2.032.3(81)(094)

Índices para catálogo sistemático:
1. Brasil : Leis : Licitações : Direito administrativo   351.712.2.032.3(81)(094)
2. Leis : Licitações : Brasil : Direito administrativo   351.712.2.032.3(81)(094)

É PROIBIDA A REPRODUÇÃO
Nenhuma parte desta obra poderá ser reproduzida, copiada, transcrita ou transmitida por meios eletrônicos ou gravações, sem a permissão, por escrito, do editor. Os infratores serão punidos pela Lei nº 5.988, de 14 de dezembro de 1973, artigos 122-130.

Impresso no Brasil/*Printed in Brazil*

Prefácio

Manual Básico de Licitação, de Fatima Regina de Souza, é um trabalho de cunho prático e se caracteriza pela objetividade com que aborda as diversas situações-problema da legislação licitatória em vigor.

Produto da experiência diuturna da autora, que exerce, há cerca de três anos, a função de diretora de divisão da área de compras do Ministério Público, este manual fornece subsídios básicos para a compreensão da matéria e será, certamente, de grande utilidade para estudantes de Direito e agentes públicos que militam no segmento das contratações públicas de obras e serviços, bem como para particulares interessados em participar de licitações.

Sem a veleidade de percorrer caminhos doutrinários verticais, a autora consegue transmitir sua vivência concreta da matéria, de forma acessível e precisa.

MARINO PAZZAGLINI FILHO
Procurador de Justiça do Ministério Público
do Estado de São Paulo

Apresentação

"Na longa e dura tarefa de eliminar um pouco da minha própria ignorância e abrir caminho para algumas das úteis verdades da vida, vi muitas vezes, em imaginação, o Grande Mercador que permanece no portão de entrada da vida e que escreve: Pobres dos que se acreditam sábios, e Pobres dos que se julgam santos" (Pedro Granja).

Apresenta-se como causa de rara e extrema satisfação a honra de haver sido convidado a elaborar a apresentação da presente obra, não só pela qualidade nela ínsita, traduzida pela percuciência que envolve suas letras, como, mormente, pela consideração que este subscritor guarda para com a humilde, inteligente, culta e nobre autora Fatima Regina de Souza.

Mesmo que breve, tentarei estampar o significado relevante do trabalho e a magnífica índole da escritora, perfeitamente traduzida pelo preâmbulo supra, criados por luminar inteligência.

A autora, que conheci primeiramente em razão de seu trabalho como servidora do Ministério Público do Estado de São Paulo, onde atualmente ocupa o cargo de diretora da área de compras, almoxarifado e administração patrimonial, face a seu merecimento, acabou por amealhar amizade estreita, ocasionada pelo interesse comum e constante troca de idéias relativas ao tema do livro — envolvedor e complexo — a quem se dedica ao trabalho e ao estudo das licitações públicas.

A autora, graduada em Administração de Empresas, em Ciências Contábeis, e com pós-graduação em Administração Geral, é presidente da Comissão Especial de Licitações junto à Procuradoria Geral de Justiça do Estado, apesar de jovem não se satisfaz com o mero afazer rotineiro e cotidiano. Já participou de inúmeros seminários e cursos de aperfeiçoamento junto a instituições e entidades renomadas do nosso Estado, além de haver ministrado treinamentos nas áreas pública e privada, sobrelevando o fato de haver criado e apresentado o primeiro "Curso Básico de Licitação" destinado aos servidores do setor administrativo do Ministério Público do Estado de São Paulo.

A obra *Manual básico de licitação*, a bem da verdade, vai muito além da sua simplista denominação.

Abrange, com retidão, conceitos doutrinários básicos, comentários, pontos objeto de divergências, chegando à minúcia de oferecer modelos de atas, publicações e outros atos pertinentes às diversas modalidades de licitação previstos na Lei nº 8.883, de 8 de junho de 1994, quais sejam, em geral, a de "compras", "vendas" e "serviços" na Administração direta e indireta.

A experiência administrativa relativamente longa deste apresentador, igualmente aficionado à matéria, salvo erro ou engano, jamais deparou com trabalho tão completo, prático e didático como o contido no livro (e não "manual"), que ora nos é oferecido, após reconhecidos e esfalfantes estudos e análises da autora.

Posso asseverar, com absoluta segurança, que não há quem, na Administração Pública, não tenha deparado com dúvidas hermenêuticas ou práticas ligadas à matéria contida nesta magnífica obra. A profundidade e erudição desses especialistas, ainda que sobejamente admiráveis, por vezes não encontram solução definitiva para as questões que se mostram no dia-a-dia. Assim, ponho-me à vontade para conscientemente recomendar e adotar o livro, como perfeito referencial à labuta diária, já que se trata da abordagem de tema que, desde o início do século, quando o procedimento concorrencial era instruído pelo Código da Contabilidade Pública da União, editado pelo Decreto Federal nº 4.536, de 28 de janeiro de 1922, preocupava aqueles que desejavam propiciar e aperfeiçoar a idoneidade no gerenciamento do dinheiro público.

Janeiro de 1997

MARCOS ANTONIO DE OLIVEIRA RAMOS
Procurador de Justiça do Ministério Público
do Estado de São Paulo

Agradecimentos

Na verdade, gostaria de agradecer a todas as pessoas que, ainda que indiretamente, participaram da elaboração deste livro, mas algumas merecem destaque:

À memória do meu pai,
Ciro Leme de Souza.

Minha mãe,
Lourdes da Silva Souza,
a pessoa mais sábia que eu conheço, a quem agradeço imensamente por ter me ensinado muitas coisas nesta vida.

Maria Antonia Cetrone,
pelo carinho e por me ajudar a transformar um antigo sonho em realidade.

Acy Cordeiro de Barros e
Neuza Gonçalves de Souza,
pelas idéias, incentivo, apoio e otimismo.

Aos *colegas do Ministério Público do Estado de São Paulo,* por acreditarem neste trabalho.

Sumário

1. Histórico 13
2. Conceito de licitação 14
3. Princípios da licitação 16
4. Modalidades de licitação 19
5. Publicação de editais 26
6. Dispensa de licitação 27
7. Inexigibilidade de licitação 33
8. Ratificação 36
9. Habilitação 37
10. Documentação 41
11. Registros cadastrais 43
12. Procedimento e julgamento 44
13. Audiência pública 46
14. Edital/Convite 47
15. Impugnação 49
16. Licitações internacionais 50
17. Processamento e julgamento da licitação 51
18. Julgamento das propostas 55
19. Critério de julgamento das propostas 57
20. Limitações e normas para a utilização dos tipos "melhor técnica" e "técnica e preço" 61
21. Desclassificação de propostas 64
22. Desfazimento do procedimento licitatório 66
23. Ordem de classificação das propostas 68
24. Funções básicas da Comissão Permanente ou Especial 69
25. Recursos administrativos decorrentes da aplicação da lei . 71

Modelos de editais e convite 73

Modelos de atas e publicações 103

Bibliografia 111

1. Histórico

O estatuto das licitações em vigor — Lei Federal nº 8.666, de 21 de junho de 1993, foi atualizado pela Lei nº 8.883, de 08 de junho de 1994, e conta com outras alterações. Essa legislação decorre de competência privativa da União, estabelecida no art. 22, inciso XXVII da Constituição de 1988, que é de baixar normas gerais de licitação.

Constituição da República Federativa do Brasil, de 05 de outubro de 1988

"Art. 22 - Compete privativamente à União legislar sobre:
XXVII - normas gerais de licitação e contratação, em todas as modalidades, para a administração pública, direta e indireta, incluídas as fundações instituídas e mantidas pelo Poder Público, nas diversas esferas de governo, e empresas sob seu controle."

"Art. 37 - A administração pública direta, indireta ou fundacional, de qualquer dos Poderes da União, dos Estados, do Distrito Federal e dos Municípios obedecerá aos princípios de legalidade, impessoalidade, moralidade, publicidade e, também, ao seguinte:
XXI - ressalvados os casos especificados na legislação, as obras, serviços, compras e alienações serão contratados mediante processo de licitação pública que assegure igualdade de condições a todos os concorrentes, com cláusulas que estabeleçam obrigações de pagamento,

mantidas as condições efetivas da proposta, nos termos da lei, o qual somente permitirá as exigências de qualificação técnica e econômica indispensável à garantia do cumprimento das obrigações."

"Art. 175 - Incumbe ao Poder Público, na forma da lei, diretamente ou sob regime de concessão ou permissão, sempre através de licitação, a prestação de serviços públicos."

2. Conceito de licitação

A licitação é um procedimento administrativo mediante o qual a Administração Pública seleciona a proposta mais vantajosa para o contrato de seu interesse. Como procedimento, desenvolve-se através de uma sucessão ordenada de atos vinculantes para a Administração e para os licitantes. Isso propicia igual oportunidade a todos os interessados e atua como fator de eficiência e moralidade nos negócios administrativos.

Por ser um ato público, a licitação nunca deverá ser sigilosa. O público deve ter acesso aos procedimentos referentes a uma licitação, salvo quanto ao conteúdo das propostas, que só pode ser conhecido por ocasião da respectiva abertura.

O processo de licitação deve afastar qualquer suspeita de favorecimento e garantir que o dinheiro público seja utilizado com cautela e eficiência. A licitação é a forma mais clara de se atender aos princípios das atividades da Administração Pública.

O elemento que informa a modalidade de licitação a ser adotada é o valor total da aquisição, da obra ou do serviço que se pretende contratar. As tabelas, com os valores fixados para cada modalidade, são publicadas mensalmente no Diário Oficial, e as normas gerais sobre licitações e contratos estão estabelecidas na Lei nº 8.666/93.

As normas gerais são todas as disposições da lei aplicáveis indistintamente às licitações e aos contratos da União, dos Estados, dos Municípios e do Distrito Federal, bem como de seus desmembramentos autárquicos e paraestatais. Os Estados, os Municípios e o Distrito Federal, no entanto, têm a faculdade de editar normas peculiares para suas licitações e seus contratos administrativos de obras, serviços, compras e alienações, desde que não contrariem as normas gerais da legislação federal, notadamente no procedimento da licitação, na formalização e execução dos contratos, nos prazos e nos recursos admissíveis.

> "A licitação destina-se a garantir a observância do princípio constitucional da isonomia e a selecionar a proposta mais vantajosa para a Administração e será processada e julgada em estrita conformidade com os princípios básicos da legalidade, da impessoalidade, da moralidade, da igualdade, da publicidade, da probidade administrativa, da vinculação ao instrumento convocatório, do julgamento objetivo e dos que lhes são correlatos." (Lei nº 8.666/96 - art. 3º).

3. Princípios da licitação

LEGALIDADE

A obediência da Administração, em relação à lei, há de ser ampla, geral e irrestrita. O provérbio usado pelo particular — "Tudo que não é proibido é permitido" — não prevalece para a Administração Pública, para a qual vige o dogma: "Só é permitido aquilo que a lei facultar". A lei é cogente tanto para o administrador quanto para o administrado, e aquele que age em nome da Administração deve condicionar-se à norma legal.

IMPESSOALIDADE

Na Administração não há vontade pessoal; há apenas o condicionamento à norma legal. É imperativo que a atividade administrativa atenda ao fim proposto. A finalidade é inafastável do interesse público.

MORALIDADE

O administrador, competente para a prática de um determinado ato, pode, mesmo sem violar a lei, usar de seu poder para fins e motivos diferentes daqueles que lhe impõe a moralidade administrativa. A mera observância do preceito legal não é suficiente, porque a distorção, o uso indevido, são factíveis. A moral administrativa exige a conformação do ato não só com a lei, mas também com o interesse coletivo, inseparável da atividade administrativa.

IGUALDADE

A igualdade de tratamento entre os possíveis interessados é a espinha dorsal da licitação, é condição indispensável da existência de competição real, efetiva, concreta. Só existe disputa entre iguais; a luta entre desiguais é uma farsa.

Devem-se assegurar aos licitantes idênticas oportunidades para prestar esclarecimentos, acompanhar diligências, falar nos autos e examiná-los.

PUBLICIDADE

Deve-se dar conhecimento dos atos licitatórios aos interessados pelos mesmos meios e na mesma ocasião, evitando-se o privilégio da ciência antecipada.

A publicidade, além de princípio geral do direito administrativo, é condição de eficácia dos direitos dos envolvidos na licitação e do seu amplo controle pela sociedade em geral. A publicidade é essencial no início do certame, para dar conhecimento dele aos possíveis interessados; na abertura dos envelopes, para permitir o controle; e para propiciar recursos e impugnações, etc.

Sua principal meta é garantir a transparência dos atos da Administração, sem que nada seja oculto ou distorcido.

PROBIDADE ADMINISTRATIVA

A probidade compele a ação do administrador. Não basta que ele se paute pelo respeito às normas legais: há normas éticas a acatar e reverenciar, sob pena de o administrador ser incompatibilizado para a função pública de que está investido.

O licitador e os licitantes devem observar as pautas de conduta honesta e civilizada, interditando conluios para afastar disputantes, acordos para aumentos de preços, decisões desleais, etc.

VINCULAÇÃO AO INSTRUMENTO CONVOCATÓRIO

Este princípio cumpre objetivo triplo. De um lado, faz com que a Administração sinta-se presa ao Direito, na medida em que a sujeita ao respeito de seus próprios atos. De outro, impede a criação de etapas ou a eleição, depois de iniciado o procedimento de critérios de habilitação ou de julgamento destinado a privilegiar licitantes. Por fim, evita surpresas para os licitantes, que podem formular suas propostas sabendo exatamente o que o licitador pretende deles. Após o início da licitação, a única surpresa para os licitantes deve ser quanto ao conteúdo das propostas de seus concorrentes.

JULGAMENTO OBJETIVO

A decisão deve ser tomada a partir de pautas firmes e concretas. É um princípio voltado à interdição do subjetivismo e do personalismo, que põem a perder o caráter igualitário do certame. De nada valeriam todos os cuidados da

Constituição e da lei, ao exigirem a licitação e regularem seu processamento, se o administrador tivesse o poder de escolher o vencedor. Justamente para garantir a maior objetividade possível no julgamento, a lei elegeu o menor preço como o critério por excelência para classificação das propostas, reservando critérios menos objetivos, como o da melhor técnica ou técnica e preço, para situações especiais.

Não obstante, atenta ao fato de que, na contratação de trabalhos intelectuais e artísticos, é normalmente inviável a escolha objetiva, a lei prevê uma modalidade licitatória com julgamento relativamente subjetivo: o concurso.

4. Modalidades de licitação

CONCORRÊNCIA

É uma modalidade de licitação entre quaisquer interessados que, na fase inicial de habilitação preliminar, comprovem possuir os requisitos mínimos de qualificação exigidos no edital para a execução de seu objeto.

O prazo mínimo até o recebimento das propostas ou da realização do evento será de 45 (quarenta e cinco) dias, quando o contrato a ser celebrado contemplar o regime de empreitada integral ou quando a licitação for do tipo "melhor técnica" ou "técnica e preço"; e de 30 (trinta) dias para uma licitação do tipo "menor preço".

TOMADA DE PREÇOS

É uma modalidade de licitação entre interessados devidamente cadastrados ou que atenderam a todas as condições exigidas para cadastramento até o terceiro dia anterior à data do recebimento das propostas, observada a necessária qualificação.

O prazo mínimo até o recebimento das propostas ou da realização do evento será de 30 (trinta) dias, quando a licitação for do tipo "melhor técnica" ou "técnica e preço", e de 15 (quinze) dias para licitação do tipo "menor preço".

CONCURSO

É uma modalidade de licitação entre quaisquer interessados para escolha de trabalho técnico, científico ou artístico, mediante a instituição de prêmios ou remuneração aos vencedores, conforme critérios constantes no edital. O edital deve ser publicado na imprensa oficial com antecedência mínima de 45 (quarenta e cinco) dias.

O concurso a que se refere o § 4º do art. 22 deve ser precedido de regulamento próprio, a ser obtido pelos interessados no local indicado pelo edital, e cuja publicidade segue as normas do art. 21.

Do regulamento deverão constar:
- qualificação exigida dos participantes;

- diretrizes e forma de apresentação do trabalho;
- condições de realização do concurso e prêmios a serem concedidos.

Em caso de projeto, o vencedor deverá autorizar a Administração a executá-lo.

É importante esclarecer que esta modalidade de licitação nada tem a ver com concurso público, que visa ao preenchimento de cargos vagos existentes nos órgãos ou entidades da Administração Pública.

Leia, a seguir, a representação de um advogado do município de Tatuí, no Estado de São Paulo:

Expediente : TC-22.571/026/96

Interessado : Munícipe de Tatuí
Senhor Fausto Machado - advogado

Assunto : Representação

Vistos:

"1. O Senhor Fausto Machado, mediante a inicial, vem representar, nos termos do § 1º do art. 113 da Lei Federal nº 8.666/93 contra o Excelentíssimo Senhor Presidente do Tribunal de Justiça do Estado de São Paulo.

Segundo o representante, o edital publicado no D.O.E. de 15 de julho p.p. relativo à abertura de inscrições para o 167º Concurso de Provas e Títulos para ingresso na Magistratura deste Estado consubstanciaria afronta a preceitos contidos na Lei nº 8.666/93. Para tanto, alega-se que a forma adotada para preenchimento dos cargos referentes ao quadro da magistratura deveria seguir o trâmite estipulado pelo art. 22, IV da mencionada Lei Federal, que versa sobre a licitação na modalidade Concurso.

Afirma que o concurso visa selecionar serviço que será executado diretamente pela Administração... ou que será executado indiretamente por terceiros.

Aduz, ainda, que não poderia, como o é, ser cobrada taxa de habilitação dos participantes, em fase do preconizado no § 5º do art. 32 da Lei nº 8.666/93.

Pede, por fim, que seja anulado o concurso em epígrafe por ilegalidade.

2. O douto GTP [Gabinete Técnico da Presidência do Tribunal de Contas do Estado de São Paulo] manifestou-se pelo não acolhimento do pedido.

Com muita propriedade, este órgão de assessoramento salienta: engana-se o subscritor do ofício inaugural ao citar a Lei de Licitações, uma vez que o preenchimento de cargos a que se refere é regido por Regulamento de Concurso de Ingresso na Magistratura do Colendo Tribunal de Justiça do Estado de São Paulo, na conformidade do seu Regimento Interno, art. 233 e seguintes na conformidade da Lei nº 9351, de 30 de abril de 1996.

O Estatuto das Licitações, regido pela Lei Federal nº 8.666/93, com as alterações introduzidas pela Lei nº 8.883/94, e no âmbito estadual pela Lei nº 6.544/89, contempla situações diversas do concurso público para ingresso na magistratura e não o que supõe o subscritor da peça inaugural.

Conclui, propondo, face à equivocada utilização do texto jurídico, pelo indeferimento do pedido formulado, com o subseqüente arquivamento deste expediente, antes, porém, cientificando-se o representante.

3. De fato, a Lei Estadual nº 9.351/96 dispõe sobre o concurso de ingresso na Magistratura Comum do Estado de São Paulo. Esta Lei, combinada com o art. 233 e seguintes do Regimento Interno do E. Tribunal de Justiça Estadual, estabelecem, dentre outras nuances, a forma com que devem ser processados os concursos para ingresso nos quadros

da Magistratura. Trata-se, portanto, de assunto disciplinado por Lei e Regimento próprios.

Daí porque equivoca-se o interessado quando pretende que as normas insculpidas na Lei nº 8.666/93 norteiem as condições de processamento para os correlatos concursos de ingresso.

É lamentável a interpretação que o ilustre representante, bacharel em Direito, faz de leis tão claras, as quais em nenhuma hipótese permitem intuir uma conclusão diversa das normas de Direito, como a que é objeto deste petitório.

Por isso, indefiro, liminarmente, o processamento da inicial, com base na Deliberação tomada no TCA-13.214/026/94.

Publique-se. Acompanhe cópia do presente despacho.

Após, arquive-se."

LEILÃO

É uma modalidade de licitação entre quaisquer interessados em comprar bens móveis inservíveis para a Administração ou produtos legalmente apreendidos ou penhorados ou na alienação de bens móveis prevista no art. 19. A compra será efetuada por quem oferecer o maior lance, igual ou superior ao valor da avaliação.

O leilão pode ser realizado por leiloeiro oficial ou servidor público devidamente designado pela Administração, procedendo-se na forma da legislação pertinente.

O § 1º do art. 53 determina a avaliação e fixação do preço mínimo do bem a ser leiloado. O § 2º determina que os bens arrematados sejam pagos à vista ou no percentual estabelecido no edital. Esses bens serão entregues ao arrematante, imediatamente após a assinatura da respectiva ata lavrada no local do leilão.

O arrematante, por sua vez, obrigar-se-á ao pagamento do restante no prazo fixado no edital, sob pena de perder o valor já recolhido em favor da Administração. O § 3º determina que, nos leilões internacionais, o pagamento à vista se faça em até vinte e quatro horas. O § 4º confirma o princípio da isonomia do conhecimento e exige a ampla divulgação do edital, principalmente no município onde vai ser realizado o leilão (art. 21, § 2º, III). O art. 18, parágrafo único, prevê a venda, em leilão, de bens móveis avaliados em quantia não superior ao limite do art. 23, II, b (ou seja, tomada de preços para compras e serviços).

CONVITE

É a modalidade de licitação efetuada entre interessados do ramo pertinente ao seu objeto, cadastrados ou não, escolhidos e convidados, em número mínimo de 03 (três) pela unidade administrativa. Esta unidade afixará, em local apropriado, cópia do instrumento convocatório e o estenderá aos demais cadastrados na correspondente especialidade que manifestarem seu interesse com antecedência de até 24 (vinte e quatro) horas da apresentação das propostas.

Existindo na praça mais de 03 (três) possíveis interessados, a cada novo convite realizado para objeto idêntico ou assemelhado é obrigatório estendê-lo a, no mínimo, mais um interessado.

A Administração não está obrigada a convidar exclusivamente os interessados que estiverem cadastrados. O Poder Público pode convidar qualquer possível interessado que esteja apto a atender à sua necessidade e que não esteja impedido de realizar negócios com a Administração (que não esteja cumprindo pena de suspensão, não tenha sido declarado inidôneo e não esteja em débito com o sistema de seguridade social, conforme o art. 195, § 3º, da CF).

Quando, por limitações do mercado ou manifesto desinteresse dos convidados, for impossível a obtenção do número mínimo de licitantes exigidos por lei, essas circunstâncias deverão ser devidamente justificadas no processo, sob pena de repetição do convite.

Os licitantes devem apresentar apenas o envelope-proposta, visto que nesta modalidade existe somente uma fase: são considerados pré-habilitados já na fase de escolha.

Quadro Explicativo				
Concurso	Concorrência	Tomada de Preços	Leilão	Convite
45 dias	45 dias melhor técnica/ técnica e preço 30 dias menor preço	30 dias melhor técnica/ técnica e preço 15 dias menor preço	15 dias	05 dias úteis *Somente na modalidade Convite é que o prazo deve ser contado em dias úteis.

5. Publicação de editais

Os avisos contendo os resumos dos editais das concorrências, das tomadas de preços, dos concursos e dos leilões, embora realizados na própria repartição interessada, deverão ser publicados com antecedência e, no mínimo, por uma vez:

a) no Diário Oficial da União, quando se tratar de licitação feita por órgão ou entidade da Administração Pública Federal, e quando se tratar de obras financiadas parcial ou totalmente com recursos federais ou garantidas por instituições financeiras;

b) no Diário Oficial do Estado, ou do Distrito Federal, quando se tratar respectivamente de licitação feita por órgão ou entidade da Administração Pública Estadual ou Municipal, ou do Distrito Federal; e

c) em jornal diário de grande circulação no Estado e também, se houver, em jornal de circulação no Município ou na região onde será realizada a obra, prestado o serviço, fornecido o material, alienado ou alugado o bem, podendo ainda a Administração, conforme o vulto da licitação, utilizar-se de outros meios de divulgação para ampliar a área de competição.

6. Dispensa de licitação

A lei diversificou os casos em que a Administração pode ou deve deixar de realizar licitação, tornando-a dispensada, dispensável, inexigível e até mesmo vedada.

Licitação dispensada é aquela que a própria lei declarou como tal (art. 17, incisos I e II), nos casos de dação em pagamento, investidura, venda de ações ou títulos e, condicionadas a determinados requisitos, de doação e de permuta. A doação com encargo, todavia, é passível de licitação (art. 17, § 4º). Foi também dispensada a licitação para a venda de bens produzidos ou comercializados por órgãos ou entidades da Administração Pública, em virtude de suas finalidades (art. 17, II, "e"), e para a venda de materiais e equipamentos inservíveis a outros órgãos ou entidades da Administração (art. 17, II, "f").

Licitação dispensável é aquela que a Administração pode dispensar se assim lhe convier. A lei enumerou 21 casos (art. 24, incisos I a XXI), na seguinte ordem:

1. Obras e serviços de engenharia até determinado valor máximo.

2. Outros serviços e compras até determinado valor máximo e nas alienações previstas na lei. **Os valores são atualizados mensalmente e divulgados na Imprensa Oficial.**

3. Guerra ou grave perturbação da ordem são situações que admitem dispensa de licitação para os contratos relacionados com o evento.

Guerra é o estado de beligerância entre duas ou mais nações, devendo ser declarada, no Brasil, por ato do presidente da República, na forma constitucional (cf, art. 84, XIX). Grave perturbação da ordem é a comoção interna generalizada ou circunscrita a determinada região, provocada por atos humanos, como revolução, motim ou greve, que atinja atividades ou serviços essenciais à comunidade.

4. Emergência ou calamidade pública também admitem a dispensa de licitação, mas somente para os bens necessários ao atendimento da situação emergencial ou calamitosa ou para as parcelas de obras e serviços que possam ser concluídas no prazo máximo de 180 (cento e oitenta) dias. A emergência caracteriza-se pela urgência de atendimento da situação que possa ocasionar prejuízos ou comprometer a incolumidade ou a segurança de pessoas, obras, serviços, equipamentos e outros bens, públicos ou particulares, exigindo rápidas providências da Administração para debelar ou minorar suas conseqüências lesivas à coletividade.

5. Desinteresse pela licitação também é motivo para a contratação direta, mantidas as condições preestabelecidas no edital ou no convite. O desinteresse fica caracterizado quando nenhum licitante atende ao chamamento, criando-se uma situação conhecida como *licitação deserta*.

A licitação deserta pode ser resultante de exigências descabidas, cláusulas discriminatórias ou publicidade "mascarada". Estes vícios, infelizmente comuns, afugentam os participantes e, ao serem constatados, impedem a contratação direta. Nesses casos, a ausência de licitantes terá ocorrido por culpa da própria entidade licitadora, não sendo admitido o recurso da dispensa.

6. Intervenção no domínio econômico, o que autoriza a União — e somente a União — a dispensar licitação para regular preços ou normalizar o abastecimento. Em tais casos não se fará licitação, mas aquisição amigável ou mediante desapropriação, bem como requisição de serviços para atendimento público.

7. Propostas com preços excessivos podem ser rejeitadas, na licitação, para contratação direta do mesmo objeto, produto ou serviço com quem o venda por preço inferior. Essa disposição legal é altamente moralizadora, pois evita conchavos de fornecedores para elevar, acima do mercado ou do preço tabelado, suas ofertas em licitação.

8. Operação que envolva somente pessoas jurídicas de Direito Público interno, o que pode dispensar a licitação, a menos que haja empresas privadas ou de economia mista que possam prestar ou fornecer os mesmos serviços, hipótese que ficará sujeita à licitação.

9. Comprometimento da segurança nacional, nos casos estabelecidos em decreto do presidente da República, ouvido o Conselho de Defesa Nacional. Era a hipótese de inexigibilidade no Decreto-Lei nº 2.300/86.

10. Compra ou locação de imóvel para o serviço público também é caso de dispensa de licitação, desde que as necessidades de instalação e localização condicionem a escolha e o preço seja compatível com o valor de mercado, segundo prévia avaliação.

11. Complementação de obra, serviço ou fornecimento, em determinadas circunstâncias, autoriza a dispensa de licitação, ou seja, a contratação direta com o segundo colocado na licitação anterior. Essa situação apresenta-se, geralmente, no caso de rescisão contratual, e quando, além da contratação principal, são necessários serviços ou obras secundárias para a operação do empreendimento principal, ou maior quantidade na compra procedente.

12. Compras eventuais de gêneros alimentícios perecíveis, em centros de abastecimento, realizadas diretamente com base no preço do dia.

13. Contratação de instituição de pesquisa, ensino ou desenvolvimento institucional, científico ou tecnológico, que pode ser dispensada de licitação. É indispensável que a instituição seja nacional, sem fins lucrativos, e que tenha inquestionável reputação ético-profissional, requisitos que devem ficar provados no procedimento administrativo.

14. Aquisição de bens e serviços por intermédio de organização internacional, desde que o Brasil seja membro e quando as condições ofertadas forem manifestamente vantajosas para o Poder Público.

15. Aquisição ou restauração de obras de arte e objetos históricos, quando contratadas por órgão ou enti-

dade cujas atividades se relacionem com o setor artístico ou histórico (museus, escolas de belas-artes, fundações culturais ou artísticas). Justifica-se a dispensa por se tratar de objetos certos e determinados, valiosos por sua originalidade e, por isso mesmo, não sujeitos à substituição por cópias ou similares. Por isso é exigido o certificado de autenticidade para legitimar a aquisição direta.

16. Bens e serviços fornecidos à pessoa jurídica de Direito Público interno por órgãos ou entidades da Administração criados para esse fim específico. O objetivo é permitir a impressão de Diários Oficiais, edições técnicas e formulários padronizados de uso das repartições, bem como a prestação de serviços de informática e outros de natureza industrial, por órgão ou entidades da Administração criados para esse fim específico.

17. Aquisição de componentes ou peças de origem nacional ou estrangeira necessários à manutenção de equipamentos, durante o período de garantia técnica, junto ao fornecedor original desses equipamentos, quando tal condição de exclusividade for indispensável para a vigência da garantia.

18. Compras ou contratações de serviços para o abastecimento de navios, embarcações, unidades aéreas ou tropas e seus meios de deslocamento, quando em estada eventual de curta duração em portos, aeroportos ou localidades diferentes de suas sedes, por motivo de movimentação operacional ou de adestramento, quando a exigüidade dos prazos le-

gais puder comprometer a normalidade e os propósitos das operações e desde que seu valor não exceda ao limite previsto na alínea "a" do inciso II do art. 23 da Lei nº 8.666/93 (modalidade Convite).

19. Compras de materiais de uso pelas Forças Armadas, com exceção de materiais de uso pessoal e administrativo, quando houver necessidade de manter a padronização requerida pela estrutura de apoio logístico dos meios navais, aéreos e terrestres, mediante parecer de comissão instituída por decreto. É oportuno esclarecer que a matéria aqui tratada só diz respeito aos bens de natureza estritamente militar (armamento, munições, etc.) não sendo invocável para compras de objetos de uso pessoal (uniformes) ou administrativo (papel, lápis, materiais de escritório em geral).

20. Contratação de associação de portadores de deficiência física, sem fins lucrativos e de comprovada idoneidade, por órgãos ou entidades da Administração Pública, para a prestação de serviços ou fornecimento de mão-de-obra, desde que o preço contratado seja compatível com o praticado no mercado.

21. Aquisição de bens destinados exclusivamente à pesquisa científica e tecnológica, com recursos concedidos pela Coordenação de Aperfeiçoamento de Pessoal de Ensino Superior (Capes), pela Financiadora de Estudos e Projetos (Finep), pelo Conselho Nacional de Desenvolvimento Científico e Tecnológico (CNPq) ou outras instituições

oficiais de fomento à pesquisa credenciadas pelo CNPq para esse fim específico (inciso inserido através da Medida Provisória nº 1.500).

7. Inexigibilidade de licitação

A licitação é inexigível quando, concretamente, se caracterizem as circunstâncias referidas em dispositivo legal.

A professora Lúcia Valle Figueiredo, distinguindo *dispensa* e *inexigibilidade*, afirma: "Quando há possibilidade de dispensa, em princípio, a licitação seria exigível. Todavia, as peculiaridades da situação fazem com que a Administração possa contratar diretamente. Na inexigibilidade, afasta-se o dever de licitar, pela impossibilidade fática, lógica ou jurídica do confronto licitatório."

É inviável a competição para aquisição de materiais, equipamentos ou gêneros que só podem ser fornecidos por um único produtor, empresa ou representante comercial.

Merece registro o conceito de exclusividade dado pelos §§ 1º e 2º do art. 23 do substitutivo do Senado

Federal ao Projeto de Lei de Licitação. O conceito é útil no auxílio à aplicação da Lei, embora não tenha figurado na redação final:

"§ 1º Considera-se fornecedor exclusivo, para os efeitos deste artigo, aquele que distribua ou forneça material, equipamento ou gênero, atendendo às seguintes condições:

a) sendo o produto de origem estrangeira, comprove a condição de representante ou distribuidor exclusivo em contrato firmado com o produtor, registrado na Câmara de Comércio da sede deste e visado pelo Cônsul brasileiro da localidade, bem como pelas autoridades diplomáticas no Brasil;

b) quando se tratar de produto nacional, seja detentor de contrato de exclusividade para determinada praça ou região, devidamente registrado em cartório.

§ 2º Em qualquer caso, a comprovação de exclusividade deverá ser apresentada anteriormente à autorização da compra."

A lei não admite a escolha arbitrária de marca, impondo estudo técnico de viabilidade para avaliar fatores operacionais e financeiros. Essa proibição visa evitar que agentes públicos comprem, aleatoriamente, qualquer produto, sem ter justificativa para isso, simplesmente para fugir de um procedimento licitatório ou favorecer certos fornecedores.

Também é inviável a licitação para contratação:

a) dos serviços técnicos enumerados no art. 13 da Lei nº 8.666/93, de natureza singular, com profissionais ou empresas de notória especialização, vedada a inexigibilidade para serviços de publicidade e divulgação;

b) de profissional de qualquer setor artístico, diretamente ou através de empresário exclusivo, desde que consagrado pela crítica especializada ou pela opinião pública.

Para os fins da lei, consideram-se serviços técnicos profissionais especializados os trabalhos relativos a:

• estudos técnicos, planejamentos e projetos básicos ou executivos;
• pareceres, perícias e avaliações em geral;
• assessorias ou consultorias técnicas e auditorias financeiras ou tributárias;
• fiscalização, supervisão ou gerenciamento de obras ou serviços;
• patrocínio ou defesa de causas judiciais ou administrativas;
• treinamento e aperfeiçoamento de pessoal;
• restauração de obras de arte e bens de valor histórico.

De modo geral, são singulares todas as produções intelectuais, realizadas isolada ou conjuntamente — por equipe —, sempre que o trabalho a ser produzido se defina pela marca pessoal (ou coletiva) expressa em características científicas, técnicas e/ou artísticas.

A contratação de profissionais do setor artístico deve ser respeitada pelas exigências da lei.

A crítica especializada a que nos referimos anteriormente pode ser local, regional ou nacional, de acordo com a modalidade da licitação. De acordo com o professor Diógenes Gasparini, "se o contrato estiver dentro do limite do convite, será local; se estiver dentro do limite de tomada de preços, será regional; se estiver dentro do limite de concorrência, será nacional."

8. Ratificação

Os casos de dispensa — previstos nos §§ 2º e 4º do art. 17 e nos incisos III a XXI do art. 24 —, os de inexigibilidade — referidos no art. 25 —, necessariamente justificados, e o retardamento estabelecido no final do parágrafo único do art. 8º da Lei deverão ser comunicados, dentro de 3 (três) dias, à autoridade superior, para ratificação (confirmação) e publicação na imprensa oficial, no prazo de 5 (cinco) dias, como condição de eficácia dos atos.

9. Habilitação

O procedimento licitatório tem 2 (duas) fases: a interna, que refere-se à preparação do processo, e a externa, que está relacionada ao procedimento.

A perfeita integração das fases interna e externa permite a otimização do contrato. Todo o esforço realizado na fase interna culmina na indispensável escolha da proposta mais vantajosa para a Administração.

Os principais pontos da fase externa são:
• afixação do aviso ou publicação do edital (art. 21);
• habilitação (arts. 27 a 31);
• impugnação (art. 41);
• rito procedimental, incluindo julgamento e autocontrole (art. 43); e
• recursos (art. 109).

A habilitação representa a admissão, o aceite ou, ainda, o deferimento do proponente como participante do processo. Por meio deste ato, o licitante adquire o direito de ter sua proposta comercial aberta.

Para que os licitantes sejam habilitados, será necessária a apresentação, *exclusiva,* da documentação relativa a:
• habilitação jurídica;
• regularidade fiscal;
• qualificação técnica; e
• qualificação econômico-financeira.

HABILITAÇÃO JURÍDICA

Os itens I a V do art. 28 referem-se aos documentos requeridos para a habilitação jurídica, ou seja, habilitação para "exercer direitos e contrair obrigações".

REGULARIDADE FISCAL

É importante desfazer um equívoco habitual: regularidade não é quitação. A documentação requerida pelo artigo atestará que o licitante atendeu às "exigências do fisco", decorrentes de dispositivos legais.

A prova de regularidade para com a Fazenda Federal, Estadual e Municipal do domicílio ou sede do licitante, ou outra equivalente, na forma da lei, e a prova de regularidade relativa ao Instituto Nacional de Seguridade Social (INSS) e ao Fundo de Garantia do Tempo de Serviço (FGTS) são exigências que a legislação faz para verificar se o licitante está apto a celebrar contrato de prestação de serviços ou realizar transação comercial de compra e venda com qualquer órgão da administração direta, indireta, autárquica e fundacional.

QUALIFICAÇÃO TÉCNICA

O artigo traz o rol de documentos que caracterizam o licitante como qualificado tecnicamente para a execução do objeto licitado. Segundo a doutrina, essa qualificação divide-se em genérica, específica e operativa.

Genérica: comprova-se a capacidade técnica genérica através do registro profissional do licitante, disponível na entidade encarregada de exercer o respectivo controle do exercício profissional.

Específica: é comprovada com a apresentação de certidão que assegure ter o licitante realizado, a contento, objeto da mesma natureza do licitado. Assim, um atestado que assegura ter o licitante executado, satisfatoriamente, um fornecimento ou um serviço é prova de capacidade técnica específica para licitação que objetiva selecionar a melhor proposta para a Administração. Essas certidões ou atestados poderão ser fornecidos tanto por pessoa pública como por pessoa privada.

Operativa: a capacidade técnica operativa é comprovada por meio da demonstração da disponibilidade de recursos materiais e humanos para a realização do objeto da licitação.

QUALIFICAÇÃO ECONÔMICO-FINANCEIRA

A qualificação econômico-financeira de um licitante nada mais é que a demonstração de sua "idoneidade financeira".

É necessário avaliar a situação financeira do licitante, a fim de verificar se será capaz de satisfazer os encargos econômicos decorrentes do contrato. Isso pode ser aferido, em princípio, pela boa saúde financeira da empresa e pela inexistência de ações que possam afetar seu patrimônio.

O professor Hilário Franco entende que: "o quociente de liquidez corrente ou comum é considerado normal quando atinge cerca de 2,0 (dois inteiros), podendo, entretanto, variar de acordo com o tipo de empresa, o ramo de atividade e a política de vendas."

O professor Sérgio de Iudícibus afirma que:

"a) conquanto de importância, como todos os quocientes ou grupos de quocientes, perdem em significação se não forem analisados em conjunto com outros grupos;

b) em geral, considera-se como bom o quociente de 1,5 (hum inteiro e cinco décimos) para cima."

Nesse sentido, "os índices contábeis" exigidos numa licitação devem ser fixados em níveis apenas suficientes para atestar que a empresa em questão possui as condições suficientes para solver suas obrigações, observando em qual segmento de mercado ela se encontra.

Cabe esclarecer que o legislador cometeu um engano quando fez a seguinte menção no art. 31: "a documentação relativa à qualificação econômico-financeira limitar-se-á a: balanço patrimonial e demonstrações contábeis do último exercício social". A Lei nº 6.404, de 15 de dezembro de 1976, que dispõe sobre as sociedades por ações — a legislação que rege a matéria —, estabelece que ao fim de cada exercício social as empresas deverão exprimir com clareza a situação do seu patrimônio, através das *demonstrações financeiras*, listadas a seguir:

- balanço patrimonial;
- demonstração dos lucros ou prejuízos acumulados;
- demonstração do resultado do exercício; e
- demonstração das origens e aplicações de recursos.

Assim, o artigo se mostra confuso no momento em que exige balanço patrimonial e demonstrações contábeis, pois o balanço já é uma das peças das demonstrações financeiras de uma organização.

A legislação estabelece que a inabilitação do licitante implica preclusão de seu direito de participar das fases subseqüentes. Uma vez ultrapassada uma fase, não há retorno (por exemplo: após a habilitação, não há reexame da documentação), a não ser por fato superveniente (art. 43, § 5º).

10. Documentação

O art. 32 regula a forma como devem ser apresentados os documentos: em original, em cópia autenticada por cartório competente, por servidor da Administração ou em publicação por órgão da imprensa oficial.

A documentação relativa à habilitação jurídica (art. 28), regularidade fiscal (art. 29), qualificação técnica (art. 30) e econômico-financeira (art. 31) poderá ser dispensada "no todo ou em parte, nos casos de convite, concurso, fornecimento de bens para pronta-entrega e leilão". A atual redação do § 4º do art. 40 fixa claramente o prazo das compras para entrega imediata: é de até 30 (trinta) dias da data da apresentação da proposta.

Assim, nas licitações modalidade "Tomada de Preços e Concorrência", com fornecimento de pronta-entrega, a Administração poderá optar por exigir somente que a empresa apresente, juntamente com o Certificado de Registro Cadastral (CRC), as certidões do INSS (CND) e FGTS (vide inciso IV, art. 29) e que declare, sob as penas da lei, a superveniência de fato impeditivo da habilitação.

As empresas que possuírem registros cadastrais (CRC) de órgãos ou entidades da Administração Pública não precisarão apresentar toda a documentação prevista nos arts. 28 e 29, na seguinte conformidade:

Art. 28: Dispensada a apresentação.

Art. 29: Apresentar somente os documentos de que tratam os incisos III e IV.

No entanto, a empresa continua obrigada a apresentar a documentação constante nos arts. 30 e 31, assim como a declarar a superveniência de fato impeditivo da habilitação.

Nas licitações internacionais, as exigências são as mesmas já mencionadas, com exceção daquelas citadas no § 6º do art. 32.

11. Registros cadastrais

A inscrição cadastral obedecerá ao disposto no art. 27, que estipula e explicita a documentação específica para o cadastramento, a ser analisada pela Comissão de Licitação Especial ou Permanente (art. 51).

Os inscritos serão classificados por categorias e especialização e subdivididos em grupos, segundo a qualificação técnica e econômica, avaliada pelos elementos fornecidos pela documentação específica (técnica, art. 30; econômico-financeira, art. 31).

A unidade responsável pelo cadastro deverá fazer o chamamento público, anualmente, por meio da imprensa oficial e de jornal diário, visando à atualização dos registros existentes e ao ingresso de novos interessados.

Aos inscritos será fornecido *certificado renovável* sempre que se atualizarem os registros. É importante lembrar que o art. 98 capitula como crime "obstar, impedir, dificultar a inscrição cadastral". Este dispositivo veio para fortalecer a confiabilidade e a segurança do registro cadastral, visto como um instrumento da Administração.

As unidades administrativas poderão utilizar-se de registros cadastrais de outros órgãos ou entidades da Administração Pública. O termo "entidades" abrange as fundações públicas, as autarquias, as empresas públicas e as sociedades de economia mista.

O registro cadastral poderá, a qualquer tempo, ser alterado, suspenso ou cancelado caso deixe de atender aos requisitos do art. 27 ou mesmo às regras do próprio cadastramento.

12. Procedimento e julgamento

O procedimento licitatório inicia-se com a abertura de um processo administrativo, que deverá conter a autorização para a realização do certame, a indicação sucinta de seu objeto e do recurso orçamentário próprio para a despesa. Posteriormente, serão juntados os seguintes documentos:

- ato de designação da comissão julgadora de licitação (permanente ou especial), do leiloeiro administrativo ou oficial ou do responsável pelo convite;
- edital ou convite e respectivos anexos, quando for o caso;
- pareceres técnicos ou jurídicos emitidos sobre a licitação, dispensa ou inexigibilidade;

- comprovante das publicações do edital resumido, na forma do art. 21 da lei, ou da entrega do convite;
- original dos documentos e das propostas que os instruírem;
- atas, relatórios e deliberações da Comissão Julgadora;
- recursos eventualmente apresentados pelos licitantes e respectivas manifestações e decisões;
- despacho de anulação ou de revogação da licitação, quando for o caso, fundamentado circunstanciadamente;
- despacho de homologação dos atos praticados pela Comissão Julgadora e de adjudicação do objeto da licitação;
- outros comprovantes de publicações;
- termo de contrato ou instrumento equivalente, conforme o caso;
- demais documentos relativos à licitação.

As minutas de editais, dos termos contratuais, acordos, convênios ou ajustes devem ser previamente examinadas e aprovadas pelos órgãos jurídicos da Administração. A análise jurídica dos editais e contratos contribuirá para evitar equívocos, como exigências descabidas, licitações dirigidas ou procedimentos irregulares.

13. Audiência pública

Realiza-se audiência pública sempre que o valor estimado para a licitação, ou o conjunto de licitações simultâneas ou sucessivas, for superior a 100 (cem) vezes o limite estabelecido no art. 23, inciso I, alínea "c" (modalidade Concorrência). Nesse caso, devem-se adotar as seguintes providências:

- concessão, pela autoridade responsável, da audiência pública;
- divulgação da audiência com antecedência mínima de 10 (dez) dias úteis de sua realização, pelos mesmos meios previstos para a publicidade da licitação;
- realização da audiência pública, visando ao início do processo licitatório, com antecedência de 15 (quinze) dias úteis da data prevista para a publicação do edital;
- fornecimento de todas as informações sobre a licitação aos interessados que comparecerem, dando-lhes oportunidade de se manifestar.

A audiência pública se constitui num moderno instrumento de controle da Administração, possibilitando a participação popular direta, se informando acerca dos problemas dos contribuintes e recebendo sugestões e críticas.

Consideram-se licitações simultâneas aquelas que possuem objetos similares e que têm realização prevista para intervalos não superiores a 30 (trinta) dias. Licitações sucessivas são aquelas que têm objetos similares e cujos editais subseqüentes tenham uma data anterior a 120 (cento e vinte) dias após o término do contrato resultante da licitação anterior.

A legislação condena o fracionamento do processo licitatório quando realizado tão-somente para se fugir à modalidade de limite superior. Deve-se ter cuidado para que várias unidades administrativas de um órgão não adquiram os mesmos tipos de equipamentos em licitações simultâneas ou sucessivas. O correto seria realizar apenas uma licitação — verificar o total da despesa e enquadrar na respectiva modalidade.

14. Edital/Convite

O edital, segundo o professor Hely Lopes Meirelles, "é o ato convocatório pelo qual a Administração Pública leva ao conhecimento público a abertura da concorrência ou tomada de preços, fixa as condições de sua realização e convoca os interessados para a apresentação de suas propostas. Vincula inteiramente a Administração e os proponentes às suas cláusulas. Nada se pode exigir ou decidir além ou aquém do edital, porque é a lei interna da concorrência e da tomada de preços."

O convite obedece as mesmas condições do edital, mas como o próprio nome diz, só deve ser utilizado para a modalidade Convite.

Assim, a comissão julgadora não pode levar em conta fatores estranhos ao edital/convite, peça básica da licitação. A Administração deve atentar para a elaboração dos editais/ convite a fim de não incluir marca ou modelo do bem a ser adquirido (art. 15, § 2º, I); caso os inclua, que seja para simples indicação, permitindo o edital apresentação de similar. Além disso, o objeto deve ser descrito de forma sucinta e clara (art. 40, I), e o edital não pode exigir que o licitante seja o fabricante do bem a ser adquirido (arts. 3º, § 1º, I; e 7º, § 5º).

Ao elaborar um edital/convite, é aconselhável fazer uma conferência do seu conteúdo, verificando se atende às exigências da legislação. Se a Administração tiver cautela e cuidados na elaboração, certamente impedirá a redação incompleta, ambígua, e evitará equívocos e vícios, proporcionando uma licitação limpa e sem possibilidades de anulação.

Quando houver mudança no edital/convite, é preciso repetir o prazo de publicação; se, em razão de interesse público, alguma alteração for necessária, ela só poderá ser promovida se o ato convocatório for novamente publicado/divulgado, reabrindo-se o prazo de entrega dos envelopes — documentação e proposta. O § 4º do art. 21 é taxativo no sentido da "divulgação pela mesma forma como se deu o texto original, reabrindo-se os prazos".

15. Impugnação

O art. 41 da Lei deve ser interpretado juntamente com os arts. 4º e 66, na medida em que todos zelam pelo cumprimento às normas e condições do procedimento licitatório. O artigo em questão constitui um alerta, uma vez que é de interesse do licitante a efetividade dos seus direitos.

Qualquer cidadão é parte legítima para impugnar edital de licitação por irregularidade na aplicação da lei. O pedido deve ser protocolado até 5 (cinco) dias úteis antes da data fixada para a abertura dos envelopes, competindo à Administração julgar e responder à impugnação em até 3 (três) dias úteis. O autor popular poderá, ainda, promover a denúncia junto ao Tribunal de Contas do Estado.

Na hipótese de a impugnação ser feita intempestivamente, não terá efeito de recurso. O texto do § 2º desestimula a reiterada prática de recurso por parte de licitante perdedor, motivada tão-somente pelo inconformismo em face de sua derrota. Se, entretanto, o fizer em tempo hábil, a Administração não poderá impedir a participação do licitante no processo licitatório até o trânsito em julgado da decisão a ela pertinente. A impugnação prévia tem se revelado um excelente mecanismo de controle da legalidade das licitações.

16. Licitações internacionais

A lei estabelece, em seu art. 42, que nas licitações internacionais o edital deverá ajustar-se às diretrizes da política monetária e do comércio exterior e às exigências dos órgãos competentes.

O § 1º permite ao licitante brasileiro cotar em moeda estrangeira quando os licitantes estrangeiros o fizerem.

Pelo § 2º, o pagamento feito ao licitante brasileiro será efetuado em moeda brasileira, à taxa de câmbio vigente no dia útil imediatamente anterior à data do efetivo pagamento. Pelo teor do § 3º, as garantias de pagamento ao licitante brasileiro serão equivalentes às oferecidas ao licitante estrangeiro. Segundo o § 4º, as propostas de licitantes estrangeiros serão acrescidas dos gravames conseqüentes dos mesmos tributos que onerem os licitantes brasileiros.

O § 5º é assim definido:

"Para a realização de obras, prestação de serviços ou aquisição de bens com recursos advindos de financiamento ou doação de agência oficial de cooperação estrangeira, ou organismo financeiro multilateral de que o Brasil faça parte, poder-se-á admitir, nas licitações, condições decorrentes de acordos internacionais, aprovados pelo Congresso Nacional.

E ainda, poderão ser admitidas normas e procedimentos daquelas entidades, inclusive relativos critérios de seleção de propostas, desde que sejam por elas exigidas e não conflitem com o julgamento objetivo. Há necessidade de despacho motivado do órgão executor do contrato, ratificado pela autoridade imediatamente superior." Conforme já mencionado, a ratificação deve ser feita com base no art. 26, que trata deste assunto.

17. Processamento e julgamento da licitação

São impostos às Comissões permanentes ou especiais o processamento e o julgamento da licitação, dentro da seguinte seqüência:
- abertura dos envelopes contendo documentação de habilitação das empresas licitantes, para apreciação (art. 27 a 33);
- devolução dos envelopes fechados aos licitantes inabilitados, com as respectivas propostas, desde que não tenha havido recurso, ou após sua denegação (art. 109);
- abertura dos envelopes dos habilitados, desde que transcorrido o prazo sem interposição de recurso,

ou que tenha ocorrido desistência expressa, ou mesmo após julgamento dos recursos interpostos;
- verificação, por parte da Comissão, da:
  a) conformidade da proposta com os requisitos do edital/convite (art. 44);
  b) conformidade dos preços apresentados com:
  - os preços correntes no mercado;
  - os preços fixados por órgão oficial competente;
  - os preços constantes do sistema de registro de preços (arts. 44, 48 e 51, § 3º);
  c) comprovação da exeqüibilidade ou desclassificação de propostas desconformes ou incompatíveis com os critérios de aceitabilidade de preços explicitados no edital/convite.

O exame referido nos itens até aqui mencionados deve ser devidamente registrado em ata de julgamento, na qual devem ser feitas a habilitação e a inabilitação das empresas licitantes, com a respectiva justificativa.

A desclassificação da proposta de empresa licitante, com o argumento de falta de idoneidade técnica, exige motivação fundamentada. Não basta a mera razão subjetiva para tal decisão, mas uma seqüência de procedimentos que permita aferição do fato, na forma da lei e, sobretudo, em obediência ao princípio da garantia de defesa, sob pena de incorrer em arbítrio.

- julgamento e classificação ou desclassificação das propostas, de acordo com os critérios fixados no edital/convite (arts. 3º, 40, 44 a 46 e 48);
- deliberação da autoridade competente referente à homologação do certame e adjudicação do objeto da licitação (arts. 16, 50 e 109).

Anteriormente, homologava-se somente a adjudicação do objeto da licitação. Com o advento da Lei nº 8.666/93, houve uma inversão na prática dos atos. Assim, atualmente, a homologação é o ato pelo qual a autoridade competente aprova o procedimento licitatório como um todo, ou seja, o que foi praticado pela Comissão Julgadora. Após isso, é feita a adjudicação do objeto do certame.

Segundo o professor Oswaldo Aranha Bandeira de Mello: "A classificação é um pronunciamento técnico a respeito da proposta, em face dos critérios constantes dos textos legais e regulamentares, das cláusulas do edital/ convite e dos dados complementares, adotados pela Comissão Julgadora, para chegar a um resultado seletivo, e apontar a proposta mais vantajosa".

Na definição do professor Hely Lopes Meirelles, "Adjudicação é o ato pelo qual se atribui ao vencedor o objeto da licitação, para subseqüente efetivação do contrato administrativo. É o ato constitutivo do direito do licitante a contratar com a Administração, quando esta se dispuser a firmar o ajuste".

Ainda sobre adjudicação, o professor Adilson Abreu Dallari afirma: "Pode haver ou não haver adjudicação, mas se houver será obrigatoriamente em favor do primeiro classificado. Rigorosamente dever-se-ia dizer que a competência da autoridade para praticar o ato de adjudicação é discricionária, mas que o objeto desse ato é vinculado. Com efeito, se não houvesse discricionaridade com relação à adjudicação, ela perderia qualquer sentido, uma vez que nada acrescentaria à classificação; da mesma forma, se a escolha do adjudicatário não fosse vinculada, seria a classificação que perderia qualquer propósito".

O professor Diógenes Gasparini analisa a homologação da seguinte maneira: "Pela homologação, a autoridade promove o controle de todo o procedimento licitatório no que respeita ao mérito e legalidade".

Ainda sobre homologação temos a opinião da professora Lúcia Valle Figueiredo: "O ato homologatório termina o procedimento licitatório, cabendo à Administração convocar o adjudicatário para assinatura do contrato".

Segundo o § 1º do art. 43, a abertura dos envelopes contendo a documentação para habilitação, bem como as propostas, será realizada sempre em ato público previamente designado, com ata circunstanciada e assinada pelos licitantes presentes e pela Comissão.

De acordo com ensinamentos do professor Raul Armando Mendes, "o julgamento é o ato público, não podendo, sob qualquer pretexto, realizar-se a portas fechadas ou em lugar de difícil acesso para os interessados ou para qualquer pessoa". Como diz o professor José Cretella Júnior, "licitação a portas fechadas é licitação nula".

Todos os documentos e propostas (incluindo os envelopes) devem ser rubricados pelos licitantes presentes e pela Comissão Julgadora.

O § 3º consagra a prerrogativa da Comissão ou da autoridade superior, em qualquer fase da licitação, de promover diligência destinada a esclarecer ou complementar o processo.

Esta providência, entretanto, não permite a inclusão de documento ou informação que deveria constar originariamente da proposta.

O disposto no art. 43 aplica-se à concorrência e, no que couber, ao concurso, ao leilão, à tomada de preços e ao convite.

Ultrapassada a fase da habilitação e abertas as propostas, o § 5º estabelece que não cabe mais a desclassificação por motivo de habilitação, salvo por fato superveniente. O Superior Tribunal Federal entende que "a questão da idoneidade do concorrente pode ser objeto de reexame em grau de recurso".

O § 6º — uma inovação — afirma que após a fase de habilitação não cabe desistência da proposta, salvo por motivo justo decorrente de fato superveniente aceito pela Comissão. A desistência injustificada do adjudicatário equivale a descumprimento da obrigação assumida (art. 81), sujeitando-se às sanções administrativas previstas no art. 86.

18. Julgamento das propostas

O art. 44 estabelece que a Comissão, ao julgar as propostas, deve seguir critérios objetivos definidos no edital ou convite, consoante as normas e os princípios fixados pela lei.

Critério de julgamento é "o modo ou método pelo qual as propostas serão avaliadas, em face do tipo de

licitação eleito pela Administração e em função do fator ou fatores de julgamento constantes do edital ou convite." Por sua vez, a *proposta* é entendida como um documento que obriga quem o formaliza (art. 1.080 do Código Civil). Segundo a professora Maria Helena Diniz, "a proposta é uma declaração receptícia de vontade dirigida por uma pessoa a outra, com quem se pretende celebrar um contrato, por força da qual a primeira manifesta sua intenção de se considerar vinculada se a outra parte aceitar...".
Dessa forma, após a habilitação o licitante não pode retirar sua proposta (art. 43, § 6º); fazendo-o, responderá pelo disposto no art. 81 e seguintes.

É vedada a utilização de qualquer elemento, critério ou fator sigiloso, secreto, subjetivo ou reservado que possa, mesmo que indiretamente, elidir o princípio da igualdade (art. 3º, § 1º, I e II). A regra é fixada antecipadamente, em função do princípio da publicidade. A Comissão não poderá considerar oferta de vantagem não prevista no edital ou convite; financiamentos subsidiados ou a fundo perdido; preço baseado nas ofertas dos demais licitantes; tampouco propostas alternativas.

É proibida a admissão de propostas que apresentem preço global ou unitários simbólicos, irrisórios ou de valor zero, incompatíveis com os preços de mercado (insumos, salários e encargos), mesmo que o ato convocatório não tenha estabelecido limites mínimos. O texto da lei ressalva, entretanto, a hipótese de tais preços (irrisórios, ou de valor zero) referirem-se a materiais e instalações de propriedade do licitante, havendo renúncia, da parte deste, à parcela ou ao total da remuneração.

Deve-se atentar para o julgamento das propostas de procedimento de aquisição de bens e serviços de informática, disciplinada pelo art. 3º do Decreto nº 1.070/94. O art. 5º do mencionado diploma legal fixa critérios específicos para essa área e outros conceitos importantes.

19. Critério de julgamento das propostas

O julgamento das propostas será objetivo, de acordo com os tipos de licitação, critérios e fatores previstos no instrumento convocatório.

De acordo com o professor Hely Lopes Meirelles, "nulo é, portanto, o edital/convite omisso ou falho quanto a critérios e fatores de julgamento, como nula é a cláusula que, ignorando-os, deixa ao arbítrio da Comissão Julgadora a escolha da proposta que mais convier à Administração".

O critério de julgamento está vinculado ao tipo de licitação, elegendo-se como fator de julgamento a vantagem pretendida pela Administração, no conjunto de elementos. O julgamento objetivo é, pois, princípio inafastável do procedimento licitatório, e sua concretização só pode se viabilizar a partir das especificações, no edital/convite, do tipo de licitação mais adequado ao objeto pretendido, fundamentando a definição precisa dos fatores e critérios a serem utilizados.

O § 1º do art. 45 fixa, para obras, serviços e compras, os seguintes tipos de licitação, exceto na modalidade Concurso:
* a de menor preço;
* a de melhor técnica;
* a de técnica e preço; e
* a de maior lance ou oferta, nos casos de alienação de bens ou concessão de direito real de uso.

LICITAÇÃO DE MENOR PREÇO

Quando for adotado este tipo de licitação, é recomendável que, no início do processo licitatório, a Administração efetue um levantamento de preços internos e externos, objetivando definir parâmetro que permita verificar a compatibilidade entre o preço ofertado e os respectivos custos.

Alguns fatores poderão ser especificados no edital/ convite, como:

Qualidade: poderá ser definida como o conjunto de características e propriedades do produto ou serviço, referentes à habilidade em satisfazer as necessidades do objeto licitado.

Prazo: é o tempo de demora para a execução e a entrega do objeto licitado; é essencial que fique explícita, no julgamento, a influência deste fator. A regra geral é a escolha do menor prazo para entrega, aliado ao menor preço.

Portanto, será considerado vencedor o licitante que apresentar proposta de acordo com as especificações do edital ou convite, e ofertar o menor preço. A licitação do tipo "menor preço" é a mais comum. Pode-se dizer que aproximadamente 99% (noventa e nove por cento) das licitações realizadas nas esferas federal, estadual e municipal são deste tipo.

LICITAÇÃO DE MELHOR TÉCNICA

Podemos pressupor que é uma licitação que já tem preço preestabelecido. O critério de julgamento será a melhor técnica, e a avaliação determina a necessidade de estabelecer no edital/convite pautas que levem à possibilidade de uma aferição objetiva.

No instrumento convocatório deverá estar claramente explicitado o preço máximo que a Administração se propõe a pagar.

LICITAÇÃO DE TÉCNICA E PREÇO

Neste tipo de licitação, após a qualificação (habilitação) abrem-se as propostas técnicas, que serão avaliadas e classificadas de acordo com os critérios editalícios adequados, definidos com a maior clareza e objetividade possíveis.

A classificação dos proponentes será feita com base na média ponderada das valorizações das propostas técnicas e de preço, e de acordo com os pesos preestabelecidos. Com isso, corrigiu-se uma impropriedade: anteriormente, nem sempre o melhor classificado obtinha a adjudicação; via de regra, perdia no preço.

O § 4º do art. 45 determina que a contratação de bens e serviços de informática deve observar o disposto no art. 3º da Lei nº 8.248/9ᵒ, especificamente o § 2º, adotando-se obrigatoriamente o tipo de licitação "técnica e preço", permitindo o emprego de outro tipo de licitação nos casos indicados em decreto do Poder Executivo.

Para adotar este tipo de licitação, a Administração deve agir com muita cautela. A lei é clara quando diz que o tipo "técnica e preço" deve ser utilizado exclusivamente para serviços de natureza predominantemente intelectual e contratação de bens e serviços de informática.

A licitação realizada pela Prefeitura de São Paulo, para instalação e manutenção de cinco mil abrigos e sete mil pontos de ônibus, gerou tanta polêmica porque adotou o tipo "melhor técnica e preço". Especialistas consultados na época garantiram que esse tipo de licitação não poderia ter sido adotado na concorrência, devido ao disposto na lei.

LICITAÇÃO DE MAIOR LANCE OU OFERTA

Este tipo de licitação aplica-se aos casos de alienação de bens ou concessão de direito real de uso. A aplicação do texto é auxiliada pelo disposto nos arts. 17 a 19 e 22, § 5º.

Finalmente, a lei veda a utilização de outros tipos de licitação não previstos no art. 45.

EMPATE DE PROPOSTAS

Em igualdade de condições, como critério de desempate, será assegurada preferência, sucessivamente, aos bens e serviços:
- produzidos ou prestados por empresas brasileiras de capital nacional;
- produzidos no País;

- produzidos ou prestados por empresas brasileiras.

Persistindo o empate, a classificação se fará, obrigatoriamente, por sorteio, em ato público, para o qual todos os licitantes serão convocados, vedado qualquer outro processo. A lei diz que "todos os licitantes serão convocados". Portanto, o ato público deverá ser realizado não somente com os que tiverem suas propostas empatadas, mas com todos os proponentes. Dessa forma, as outras empresas também terão conhecimento dos trâmites legais do procedimento licitatório.

20. Limitações e normas para a utilização dos tipos "melhor técnica" e "técnica e preço"

A lei traz importantes limitações à utilização dos tipos "melhor técnica" e "técnica e preço". Estes tipos de licitação só poderão ser utilizados nas seguintes hipóteses:
- serviços de natureza predominantemente intelectual;
- em especial: na elaboração de projetos, cálculos, fiscalização, supervisão, gerenciamento e engenharia consultiva em geral;

- em particular: na elaboração de estudos técnicos preliminares e projetos básicos e executivos.

O § 1º do art. 46 fixa o procedimento específico para licitação de melhor técnica, que deverá ser considerado no edital/convite com a máxima clareza e objetividade, fixando-se também o preço máximo que a Administração se propõe a pagar. Este valor pode ser denominado *preço-referência* e deve ser calculado da maneira mais exata possível, para evitar sobrelevação do custo estimado.

O preço-referência não pode ser compreendido como preço-base, porque serve de pauta para negociação.

PROCEDIMENTO DA LICITAÇÃO TÉCNICA

- Após a habilitação ou qualificação serão abertos os envelopes contendo as propostas técnicas. Em seguida, será feita a avaliação e a classificação das propostas, de acordo com os critérios pertinentes e adequados ao objeto licitado. Esses critérios devem ter sido definidos com clareza e objetividade no instrumento convocatório.

  A qualidade técnica da proposta não pode ficar em aberto no edital/convite, que deve fixar regras explícitas.

  É proibida a utilização de critérios de julgamento de propostas técnicas baseadas em tópicos que dêem ensejo à valoração subjetiva por parte da Comissão de Licitação ou do responsável pelo convite.

- Uma vez classificadas as propostas técnicas, far-se-á a abertura das propostas de preço que tenham atingido a valorização mínima estabelecida no instrumento convocatório.

No ato da abertura será efetuada a negociação das condições propostas com o proponente melhor classificado.

Os pontos dessa negociação serão:
a) os orçamentos detalhados apresentados; e
b) os preços unitários.

A base de referência será o limite apresentado pela proposta de menor preço dentre as que obtiveram a valorização mínima.

- Ocorrendo impasse na negociação, procedimento idêntico será adotado, sucessivamente, com os demais licitantes, pela ordem de classificação.

- As propostas de preços serão devolvidas intactas aos licitantes que não forem preliminarmente habilitados ou que não obtiverem a valorização mínima estabelecida para a técnica.

Na licitação do tipo "melhor técnica", a apresentação deve ser feita em três envelopes:

Envelope nº 1 - Documentação;

Envelope nº 2 - Proposta técnica;

Envelope nº 3 - Proposta de preço.

PROCEDIMENTO DE TÉCNICA E PREÇO

Na licitação do tipo "técnica e preço" a Comissão Julgadora deverá, após a fase de habilitação, adotar o mesmo procedimento utilizado na licitação de técnica, ou seja:
- habilita ou inabilita;
- abre envelope da proposta técnica; e

- avalia e classifica as propostas de acordo com os critérios editalícios.

Daí por diante, seguem-se os procedimentos:
- avaliação e valorização das propostas de preços, segundo os critérios objetivos preestabelecidos no instrumento convocatório;
- classificação dos proponentes de acordo com a média ponderada das valorizações das propostas técnicas e de preço, consoante os pesos preestabelecidos no instrumento convocatório.

A lei é taxativa em sua opção pela média ponderada neste tipo de licitação e determina explicitamente a aplicação de pesos prefixados.

Na licitação do tipo "técnica e preço", a apresentação pode ser feita em dois envelopes:
Envelope nº 1 - Documentação;
Envelope nº 2 - Proposta técnica e de preço.

21. Desclassificação de propostas

Trata das hipóteses de desclassificação das propostas:
a) quando as propostas não atenderem às exigências do ato convocatório;

b) quando as propostas apresentarem preços excessivos ou manifestamente inexeqüíveis.

A redação do inciso II do art. 48 define o que deve ser considerado preço excessivo ou inexeqüível. Assim se consideram os preços das propostas cujo valor global seja superior ao limite estabelecido ou manifestamente inexeqüíveis e que não demonstrem sua viabilidade.

Os parâmetros para a referida demonstração são:
a) custos dos insumos coerentes com os de mercado;
b) coeficientes de produtividade compatíveis com a execução do objeto.

Estes parâmetros, sob pena de nulidade da licitação, devem ser obrigatoriamente explicitados no instrumento convocatório.

A Comissão só poderá desclassificar propostas por critérios objetivos preestabelecidos.

O procedimento licitatório não admite que, na fase do julgamento da proposta, alguma delas seja desclassificada por motivos subjetivos incomprovados e apenas referidos à base do ouvir dizer. Dominam a matéria os princípios da igualdade entre os licitantes, da vinculação ao edital, ou ao convite, e do julgamento objetivo. A expedição do convite já implica habilitação do convidado. Na fase de julgamento das propostas, os concorrentes estão igualados pela anterior qualificação e não há mais lugar para considerações de natureza subjetiva. O julgamento é ato vinculado e tudo o que possa levar à desclassificação da proposta haverá que ser claramente justificado.

Podemos dizer que preço excessivo é aquele que está muito acima do que é praticado no mercado ou do registro de preços para o objeto de licitação; e preço inexeqüível é aquele de valor significativamente baixo, denotando que o licitante não terá condições de cumprir o que se propõe.

O saudoso professor Hely Lopes Meirelles costumava dizer: "... é discutível a legalidade da proposta gratuita, no todo ou em parte, porque, salvo motivação relevante, pressupõe a existência de interesses escusos, a que o princípio da moralidade administrativa se opõe veementemente."

Será validado o processo licitatório em que as empresas licitantes apresentarem propostas com sobrepreço, desde que tenham sido desclassificadas por causa do preço ofertado.

A explicação para isso está no parágrafo único do art. 48. Após os prazos de praxe, poderão ser apresentadas outras propostas, sem as falhas que geraram a desclassificação. O mesmo pode acontecer com a documentação, no caso de inabilitação de todos os licitantes.

22. Desfazimento do procedimento licitatório

Trata da teoria do desfazimento do procedimento licitatório, que poderá ocorrer por revogação ou por anulação.

A revogação somente se dará por "razões de interesse público decorrentes de fato superveniente devidamente comprovado, pertinente e suficiente para justificar tal conduta"(Lei nº 8.666/93 - art. 49).

O texto induz à eliminação do comodismo administrativo, aliado à má gerência das licitações, que até então recorriam à pura e simples revogação do procedimento, sem maiores análises e justificativas.

Há distinção entre revogação e anulação. A revogação só pode ser feita pela Administração, e tem como base a conveniência e a oportunidade; mas, agora, somente decorrente de fato superveniente devidamente comprovado. A anulação constitui poder-dever da Administração, mas pode ser feita pelo Judiciário, fundamentando-se na ilegalidade e conseqüente nulidade do processo. A doutrina recomenda, para a anulação, a ocorrência de justa causa. Não tem base legal o despacho que declara o procedimento "sem efeito", ao invés de anulá-lo ou revogá-lo.

O § 1º do art. 49 diz que a nulidade do procedimento, por ilegalidade, não gera obrigação de indenizar, salvo aquilo que o contratado houver executado até a anulação, promovendo-se a responsabilidade de quem houver dado causa.

No caso de desfazimento da licitação (revogação ou anulação), fica assegurado o contraditório e a ampla defesa. O direito de defesa não só assegurará aos licitantes o cumprimento fiel da lei como evitará o abuso da prática do desfazimento injustificado. O desfazimento da licitação estende-se ao termo contratual, ou seja, o contrato também estará sendo desfeito.

23. Ordem de classificação das propostas

A Administração não poderá celebrar contrato com preterição da ordem de classificação das propostas, ou com terceiros estranhos ao procedimento licitatório, sob pena de nulidade. O licitante classificado em primeiro lugar assume, perante a Administração, uma qualidade que não pode ser desprezada e que efetivamente gera direitos que precisam ser respeitados.

O licitante adjudicatário tem a expectativa de ser contratado e o direito cristalino de não ser preterido. Em suma, o adjudicatário tem a expectativa de direito de ser contratado, que poderá se corporificar ou não, mas jamais poderá ser preterido. Far-se-á contrato com o licitante classificado a seguir se o vencedor não aceitar o contrato, retirando-se a proposta, desde que obedecidas as mesmas condições constantes na proposta do primeiro classificado.

24. Funções básicas da Comissão Permanente ou Especial

Nem sempre a Comissão de Registro Cadastral é a mesma que julga as licitações. Colocamos aqui as funções básicas da Comissão Permanente ou Especial, de forma abrangente; no caso de duas Comissões, basta separar as tarefas:
- habilitação preliminar (arts. 27 e 43);
- inscrição em registro cadastral, alteração e cancelamento (art. 34);
- avaliação e classificação das propostas (art. 43, IV);

e ainda
- observância dos princípios da legalidade, impessoalidade, moralidade e publicidade (arts. 37 da CF, § 4º da Lei nº 8.429/92; arts. 3º, 4º, 40, 41 e 109 da Lei nº 8.666/93).

A Comissão deve ser composta de, no mínimo, três membros, sendo pelo menos dois servidores qualificados, pertencentes aos quadros permanentes dos órgãos da Administração responsáveis pela licitação. O ideal é que tais comissões sejam permanentes, sendo a Comissão Especial constituída para fazer face a situação específica e excepcional.

Estas inovações têm o objetivo de profissionalizar o setor responsável pelas contratações de compras ou serviços, permitindo que seus membros incorporem a prática do procedimento licitatório.

No caso de convite, em pequenas unidades e em razão da exigüidade de pessoal, a Comissão pode ser substituída por servidor designado pela autoridade competente. Nos julgamentos dos pedidos de inscrição, alteração ou cancelamento cadastral, nos casos de obras, serviços e aquisição de equipamentos a Comissão deve ser integrada por profissional legalmente habilitado.

É importante ressaltar que os membros da Comissão respondem solidariamente por todos os atos praticados, salvo se a posição divergente individual estiver devidamente fundamentada e registrada em ata lavrada na respectiva reunião. O § 3º do art. 51, da Lei nº 8.666/93 atenta mais uma vez para a necessidade de capacitar os membros das Comissões para a correta interpretação e aplicação da lei.

De acordo com o § 4º do mesmo artigo, a investidura dos membros das Comissões permanentes não poderá exceder a 1 (um) ano, vedada a recondução da totalidade dos membros no período subseqüente. A inovação desse parágrafo vem auxiliar na necessidade de treinar os servidores, uma vez que a substituição dos membros é obrigatória, devendo ser feita de modo a não interromper a execução das atividades desenvolvidas pelas entidades da Administração Pública.

No caso de concurso, o julgamento será feito por uma comissão especial, integrada por pessoas de reputação ilibada e conhecimento da matéria em exame, servidores públicos ou não. Cabe lembrar que se a Comissão Julgadora não estiver representada em seus trabalhos no mínimo por 3 (três) membros, qualquer licitante poderá impugnar a licitação.

25. Recursos administrativos decorrentes da aplicação da lei

Tanto o direito ao contraditório como o direito de petição foram amplamente confirmados pela Constituição Federal e pela Lei nº 8.666/93. Segundo o inciso I do art. 109, os recursos podem ser interpostos até 5 (cinco) dias após o ato motivador. Este prazo é contado a partir da "intimação do ato" ou da "lavratura da ata". Como se referem a atos diversos (habilitação ou inabilitação; julgamento; anulação ou revogação; indeferimento de inscrição em cadastro; rescisão e penalidades), a determinação do início do prazo poderá ensejar pequenas distorções, ou seja, intervalos entre a intimação e a ata nos casos que comportem ambos os procedimentos. Na prática, estas distorções são por vezes usadas em detrimento ou em proveito de uma das partes. Recomenda-se, portanto, atenção a este ponto, sobretudo com a inovação da intimação direta, se presentes os prepostos dos licitantes.

A lei prevê ainda representação contra ato ou contrato em que não caiba recurso hierárquico. O prazo é também de 5 (cinco) dias úteis da intimação da decisão relacionada com o objeto da licitação. A intimação dos atos de anulação, revogação e rescisão de contrato, bem como os de indeferimento, alteração e cancelamento de cadastro, será feita pela imprensa oficial.

Os atos de habilitação/inabilitação e julgamento das propostas poderão ser comunicados diretamente aos prepostos dos licitantes (se presentes) e lavrados em ata. O inciso III regula a reconsideração, devendo ser analisado juntamente com o § 3º do art. 87. Os recursos com efeito suspensivo obrigatório, conforme o § 2º, são os relativos à habilitação, inabilitação e julgamento. A autoridade competente poderá, motivadamente, conceder efeito suspensivo nos recursos contra julgamento das propostas e rescisão do contrato.

Interposto o recurso, deve este fato ser comunicado aos demais licitantes no prazo de 5 (cinco) dias úteis, instalando-se aí o contencioso. Deve o recurso ser dirigido à autoridade superior por intermédio de quem praticou o ato recorrido. Cabe a quem praticou o ato reconsiderar ou não a decisão recorrida, no prazo de 5 (cinco) dias úteis. Não havendo reconsideração, a autoridade competente deverá enviar o processo devidamente informado, em 5 (cinco) dias úteis, à autoridade superior para deliberação final.

Outra inovação está no § 5º, que determina que nenhum recurso, representação ou pedido de reconsideração se inicie sem que os autos estejam com vistas franqueadas ao interessado. O dispositivo fortalece a tese do equilíbrio entre prerrogativas da Administração e direitos dos licitantes. É importante enfatizar que, no caso da modalidade Convite, o § 6º estabelece o prazo de 2 (dois) dias úteis para interposição de recurso.

Modelos de editais e convite

EDITAL
DE TOMADA DE PREÇOS Nº .... /.....
PARA COMPRAS
TIPO: ....

A COMISSÃO PERMANENTE (OU ESPECIAL) DE LICITAÇÃO, nos termos da Lei Federal nº 8.666, de 21 de junho de 1993, com as alterações introduzidas pela Lei Federal nº 8.883, de 08 de junho de 1994, e demais normas aplicáveis à espécie, faz saber que (nome do órgão ou entidade) realizará licitação na modalidade Tomada de Preços, tipo (menor preço, melhor técnica ou técnica e preço) nº ..../....., autorizada às fls. ...., do Processo nº ...., para ...., observadas as seguintes condições:

I- DO OBJETO:

O objeto licitado e outras condições constam dos Anexos "1", "2" e "3" (se tiver contrato), que contêm as especificações necessárias ao presente certame, os quais ficam fazendo parte integrante deste Edital, como se aqui estivessem transcritos.

II- DA ABERTURA DOS ENVELOPES :

a) Envelopes nºs 01 e 02 — "Documentação de Habilitação" e "Proposta":

Dia ...., às .... horas.

b) Local: ....

III- DO LOCAL DE ENTREGA DOS ENVELOPES:

Impreterivelmente, até às .... horas, do dia .... de .... de ...., na ...., situado na ....

IV- DA FORMA DE APRESENTAÇÃO:

1- ENVELOPES:

Opacos, contendo na parte externa o nome ou a razão social da proponente, endereço e telefone, número do Processo e da Tomada de Preços, data da abertura, destinação à (ao).................
...., devidamente numerados (nº 01 — "Documentação de Habilitação" e nº 02 — "Proposta de Preço"), fechados e rubricados.

2- DOCUMENTAÇÃO DE HABILITAÇÃO — Envelope nº 01:

Para a habilitação na presente licitação serão exigidos os documentos a seguir relacionados, os quais deverão ser apresentados em original ou por qualquer processo de cópia, desde que autenticados. A autenticação poderá ser feita, também, por membro da Comissão Julgadora de Licitações, mediante apresentação dos documentos originais, no ato da abertura do Envelope nº 01 — "Documentação de Habilitação":

a) Certificado de Registro Cadastral expedido por qualquer órgão ou entidade da Administração Pública, dentro do prazo de validade, em conformidade com o objeto da licitação. O Certificado de Registro Cadastral substitui os documentos enumerados nos artigos 28 e 29 da Lei Federal nº 8.666/93, exceto a documentação a seguir relacionada:

a.1. Prova de regularidade para com a Fazenda Federal, Estadual e Municipal do domicílio ou sede do licitante, ou outra equivalente, na forma da lei, com prazo de validade em vigor. Não constando do documento seu prazo de validade, será aceito documento emitido até 90 (noventa) dias imediatamente anteriores à data de sua apresentação; e

a.2. Prova de regularidade relativa à Seguridade Social (INSS e FGTS), demonstrando situação regular no cumprimento dos encargos sociais instituídos por Lei.

b) Declaração, sob as penas cabíveis, da inexistência de superveniência de fato impeditivo à sua participação em licitações promovidas por órgãos ou Entidades Públicas;

Parágrafo único — Na hipótese de a proponente não possuir o Certificado de Registro Cadastral, deverá apresentar a documentação prevista nos arts. 28, 29, 30, incisos I e II, e art. 31, incisos I e II, da Lei Federal nº 8.666/93; e

3- PROPOSTA DE PREÇO - Envelope nº 02:

a) Em papel timbrado ou com a identificação segura da licitante, em 2 (duas) vias, contendo a razão social, endereço, telefone, número do fax, quando houver, e número do CGC, datadas e assinadas pelos representantes legais da proponente;

b) Descrição mencionando, de forma clara e sucinta, o objeto e suas características, preços ofertados expressos em moeda corrente nacional, apurados à data da apresentação, sem a inclusão de qualquer encargo financeiro ou previsão inflacionária, constando preço unitário e total, impostos incidentes e a somatória geral com o valor por extenso;

c) Prazo de entrega de .... (............) dias;

d) Outros esclarecimentos, se solicitados no Anexo "2";

e) Declaração expressa de aceitação de todas as condições do presente Edital, sendo tácita quando omitida, bem como de que se sujeitará integralmente às disposições legais que regem as normas gerais sobre licitações e contratos no âmbito do Poder Público.

TODA A DOCUMENTAÇÃO DEVERÁ SER APRESENTADA SEM QUAISQUER RASURAS, EMENDAS, BORRÕES OU RESSALVAS.

V- DA ABERTURA DOS ENVELOPES:

No dia, hora e local estabelecidos no item II, a Comissão Julgadora de Licitações procederá a abertura e apreciação dos Envelopes nº 01 — "Documentação de Habilitação" e nº 02 — "Proposta".

1. O representante da licitante deverá se apresentar portando seu documento de identidade, munido de Procuração ou

de documento de credenciamento, com firma reconhecida, acompanhada de cópia do ato de investidura do outorgante, no qual conste, expressamente, ter poderes para a devida outorga, conferindo-lhe poderes, inclusive, para receber intimação e desistir de interpor recursos e manifestar-se oficialmente em nome da Empresa.

1.1. No caso de titular, diretor ou sócio da empresa, apresentar documento que comprove sua capacidade de representar a mesma.

1.2. A Procuração ou o credenciamento ora solicitado deverá ser anexado na parte externa do Envelope nº 01 — "Documentação de Habilitação" ou apresentado à Comissão no ato da abertura dos trabalhos.

1.3. Poderá haver substituição do representante legal a qualquer tempo, bastando, para tal, comunicação escrita da licitante, que deverá ser apresentada pelo novo representante em tempo hábil.

2- Inabilitada alguma licitante e não havendo expressa manifestação de seu representante legal desistindo da interposição do recurso contra a decisão da Comissão, esta designará nova data para abertura do Envelope nº 02 — "Proposta de Preço", decorrido o prazo para recurso, conforme preceitua o art. 109, inciso I, letra "a", da Lei Federal nº 8.666/93.

2.1- No caso de haver interposição de recurso por parte de qualquer das proponentes, automaticamente fica a data de abertura do Envelope nº 02 — "Proposta" alterada.

3- Na hipótese de o representante da licitante não se apresentar conforme mencionado nos subitens "1 e 1.1." supra, suas eventuais manifestações não serão consignadas em Ata.

4- No caso de a empresa licitante não se fizer representar legalmente, tal fato não impedirá sua participação no certame, bem como não implicará a inabilitação do licitante, mas o impedirá de discordar das decisões tomadas pela Comissão Julgadora de Licitações ou propor recursos relativos à habilitação/inabilitação de licitantes no ato da abertura.

VI- DOS CRITÉRIOS DE JULGAMENTO:

1- No julgamento levar-se-ão em conta, no interesse do serviço público, as condições de menor preço, como disposto no art. 45, § 1º, inciso I, da Lei Federal nº 8.666/93.

2- Obedecidas as disposições da Lei Federal nº 8.666/93, fica ressalvada à Comissão Julgadora de Licitações, a seu exclusivo critério e mesmo depois da apresentação das propostas, sem que caiba às concorrentes, nas hipóteses abaixo, pleitear indenização, compensação ou vantagens a qualquer título, o direito de:

a) julgar livremente a presente licitação;
b) propor, motivadamente, à autoridade superior, a anulação ou a revogação do certame;
c) desclassificar as propostas que não estejam em condições de assegurar execução satisfatória do objeto licitado, não atendam às exigências deste ato convocatório e que contenham preços excessivos ou manifestamente inexeqüíveis (art. 48, incisos I e II, da Lei Federal nº 8.666/93);
d) quando todos os licitantes forem inabilitados ou todas as propostas forem desclassificadas, a Comissão Julgadora de Licitações poderá fixar aos licitantes o prazo de 08 (oito) dias úteis para apresentação de nova documentação ou de outras propostas que não contenham as irregularidades que geraram a inabilitação ou a desclassificação.

VII- DO CRITÉRIO DE DESEMPATE:

Ocorrendo o empate das propostas, será adotado o seguinte critério, sucessivamente, aos bens:

1- produzidos por empresas brasileiras de capital nacional;
2- produzidos no país; e
3- produzidos por empresas brasileiras.

Persistindo o empate, o desempate ocorrerá por sorteio, em ato público, para o qual todos os licitantes serão convocados (art. 3º, § 2º e art. 45, § 2º, da Lei Federal nº 8.666/93).

VIII- DOS ENCARGOS LEGAIS:

Os encargos legais vigentes ou futuros, decorrentes da legislação social ou fiscal, bem como os originários da relação empregatícia entre a empresa a ser contratada e o pessoal por ela empregado na execução do objeto da presente licitação (trabalhista, previdenciária e securitária), ficarão inteiramente sob a responsabilidade da proponente vencedora, não mantendo o (a) .... qualquer vínculo com os empregados da mesma.

IX- DAS SANÇÕES ADMINISTRATIVAS:

1- Aplicam-se à presente licitação as sanções previstas na Lei Federal nº 8.666/93, atualizada pela Lei Federal nº 8.883/94 e demais normas legais aplicáveis à matéria.

2- O valor das multas aplicadas será devidamente corrigido pela variação da (o)...
...., até a data de seu efetivo pagamento, e recolhido em até .... dias da data de sua cominação, mediante Guia de Recolhimento Oficial.

X- DAS DISPOSIÇÕES FINAIS:

1- No interesse do (a) ....
e caracterizada a conveniência e oportunidade, fica a licitante vencedora obrigada a aceitar, nas mesmas condições propostas, os acréscimos ou supressões das quantidades que se fizerem necessárias, observado o limite estabelecido na legislação pertinente.

2- Nos termos do art. 48 e sem prejuízo do estabelecido no art. 109, ambos da Lei Federal nº 8.666/93, o descumprimento de qualquer das disposições contidas nos itens deste Edital e seus Anexos "1" e "2" poderá ensejar a inabilitação ou desclassificação, respectivamente.

3- As decisões da Comissão Julgadora de Licitações, bem como os demais atos de interesse dos licitantes, serão publicados no Diário Oficial do Estado.

Informações complementares ou dúvidas por parte da licitante interessada poderão ser obtidas e esclarecidas no endereço constante no item "1" do Anexo "1", com a Comissão Julgadora de Licitações, e os casos omissos também serão resolvidos pela mesma, à luz da legislação pertinente, ou submetidos por esta à autoridade superior.

São Paulo, ... de .... de ....

Membros da Comissão

....
Nome   Nome   Nome
Cargo   Cargo   Cargo

COMPRAS
TIPO: MENOR PREÇO

ANEXO "1"

1- LOCAL PARA INFORMAÇÕES E ESCLARECIMENTOS:

2- LOCAL PARA ENTREGA DOS ENVELOPES "01" e "02":

3- LOCAL PARA ENTREGA DO(S) MATERIAL(IS):

4- DA VALIDADE DA PROPOSTA:

O prazo de validade da proposta não poderá ser inferior a 60 (sessenta) dias, contados a partir da efetiva data de entrega das propostas.

5- FORMA DE PAGAMENTO:

Deixar explícitas como serão as condições de pagamento.

São Paulo, ... de .... de ....

Membros da Comissão

....
Nome   Nome   Nome
Cargo   Cargo   Cargo

COMPRAS
TIPO: MENOR PREÇO

ANEXO "2"

MEMORIAL DESCRITIVO:

1- Do Objeto:..
....

Colocar todas as características do objeto a ser licitado, bem como a quantidade.

Deve ser observado que é proibida a menção de marca.

São Paulo, ... de........................ de...........

Membros da Comissão

....	....	....
Nome	Nome	Nome
Cargo	Cargo	Cargo

EDITAL DE TOMADA DE PREÇOS Nº ..../...... PARA SERVIÇOS
TIPO: ....

A COMISSÃO PERMANENTE (OU ESPECIAL) DE LICITAÇÃO, nos termos da Lei Federal nº 8.666, de 21 de junho de 1993, com as alterações introduzidas pela Lei Federal nº 8.883, de 08 de junho de 1994, e demais normas aplicáveis à espécie, faz saber que (nome do órgão ou entidade) realizará licitação na modalidade Tomada de Preços, tipo (menor preço, melhor técnica ou técnica e preço) nº ..../......, autorizada às fls..............., do Processo nº................, para ...., observadas as seguintes condições:

I- DO OBJETO:

O objeto licitado e outras condições constam dos Anexos "1", "2" e "3" (se tiver contrato), que contêm as especificações necessárias ao presente certame, os quais ficam fazendo parte integrante deste Edital, como se aqui estivessem transcritos.

II- DA ABERTURA DOS ENVELOPES :

a) Envelopes nºs 01 e 02 — "Documentação de Habilitação" e "Proposta":

Dia......................, às .... horas.

b) Local: ....

III- DO LOCAL DE ENTREGA DOS ENVELOPES:

Impreterivelmente, até às .... horas, do dia .... de .... de ...., na ...., situado na ....

IV- DA FORMA DE APRESENTAÇÃO:

1- ENVELOPES:

Opacos, contendo na parte externa o nome ou a razão social da proponente, endereço e telefone, número do Processo e da Tomada de Preços, data da abertura, destinação à (ao) ...., devidamente numerados (nº 01 — "Documentação de Habilitação" e nº 02 — "Proposta de Preço"), fechados e rubricados.

2- DOCUMENTAÇÃO DE HABILITAÇÃO — Envelope nº 01:

Para a habilitação na presente licitação serão exigidos os documentos a seguir relacionados, os quais deverão ser apresentados em original ou por qualquer processo de cópia, desde que autenticados. A autenticação poderá ser feita, também, por membro da Comissão Julgadora de Licitações, mediante apresentação dos documentos originais, no ato da abertura do Envelope nº 01 — "Documentação de Habilitação":

a) Certificado de Registro Cadastral expedido por qualquer órgão ou entidade da Administração Pública, dentro do prazo de validade, em conformidade com o objeto da licitação. O Certificado de Registro Cadastral substitui os documentos enumerados nos arts. 28 e 29 da Lei Federal nº 8.666/93, exceto a documentação a seguir relacionada:

a.1. Prova de regularidade para com a Fazenda Federal, Estadual e Municipal do domicílio ou sede do licitante, ou outra equivalente, na forma da lei, com prazo de validade em vigor. Não constando do documento seu prazo de validade, será aceito documento emitido até 90 (noventa) dias imediatamente anteriores à data de sua apresentação; e

a.2. Prova de regularidade relativa à Seguridade Social (INSS e FGTS), demonstrando situação regular no cumprimento dos encargos sociais instituídos por Lei.

b) Declaração, sob as penas cabíveis, da inexistência de superveniência de fato impeditivo à sua participação em licitações promovidas por órgãos ou Entidades Públicas;

c) Documento de registro ou inscrição na entidade profissional competente;

d) Atestado de capacidade técnica, comprovando a aptidão para desempenho da atividade;

e) Balanço patrimonial e demonstrações contábeis;

f) Certidão negativa de falência ou concordata;

g) Comprovar a boa situação financeira da empresa, através do cálculo dos seguintes índices contábeis:

Índice de Liquidez Geral, igual ou superior a .... (..................), resultante da seguinte fórmula:

$$I.L.G. = \frac{\text{Ativo Circulante + Realizável a Longo Prazo}}{\text{Passivo Circulante + Exigível a Longo Prazo}}$$

Índice de Solvência Geral, igual ou superior a .... (..................), resultante da seguinte fórmula:

$$I.S.G. = \frac{\text{Ativo Total}}{\text{Passivo Circulante + Exigível a Longo Prazo}}$$

Parágrafo único — Na hipótese de a proponente não possuir o Certificado de Registro Cadastral, deverá apresentar a documentação prevista nos arts. 28, 29, 30, incisos I e II, e art. 31, incisos I e II, da Lei Federal nº 8.666/93; e

3- PROPOSTA DE PREÇO — Envelope nº 02:

a) Em papel timbrado ou com a identificação segura da licitante, em 2 (duas) vias, contendo a razão social, endereço, telefone, número do fax, quando houver, e número do CGC, datada e assinada pelos representantes legais da proponente;

b) Descrição mencionando, de forma clara e sucinta, o objeto e suas características, preços ofertados expressos em moeda corrente nacional, apurados à data da apresentação, sem a inclusão de qualquer encargo financeiro ou previsão inflacionária, constando preço unitário e total, impostos incidentes e a somatória geral com o valor por extenso;

c) Prazo de execução dos serviços de .... (........) dias;

d) Outros esclarecimentos, se solicitados no Anexo "2";

e) Declaração expressa de aceitação de todas as condições do presente Edital, sendo tácita quando omitida, bem como de que se sujeitará integralmente às disposições legais que regem as normas gerais sobre licitações e contratos no âmbito do Poder Público.

TODA A DOCUMENTAÇÃO DEVERÁ SER APRESENTADA SEM QUAISQUER RASURAS, EMENDAS, BORRÕES OU RESSALVAS.

V- DA ABERTURA DOS ENVELOPES:

No dia, hora e local estabelecidos no item II, a Comissão Julgadora de Licitações procederá à abertura e apreciação dos Envelopes nº 01 — "Documentação de Habilitação" e nº 02 — "Proposta".

1. O representante da licitante deverá se apresentar portando seu documento de identidade, munido de Procuração ou de documento de credenciamento, com firma reconhecida, acompanhada de cópia do ato de investidura do outorgante, no qual conste, expressamente, ter poderes para a devida outorga, conferindo-lhe poderes, inclusive, para receber intimação e desistir de interpor recursos e manifestar-se oficialmente em nome da Empresa.

1.1. No caso de titular, diretor ou sócio da empresa, apresentar documento que comprove sua capacidade de representar a mesma.

1.2. A Procuração ou o credenciamento ora solicitado deverá ser anexado na parte externa do Envelope nº 01 — "Documentação de Habilitação" ou apresentado à Comissão no ato da abertura dos trabalhos.

1.3. Poderá haver substituição do representante legal a qualquer tempo, bastando, para tal, comunicação escrita da licitante, que deverá ser apresentada pelo novo representante em tempo hábil.

2- Inabilitada alguma licitante e não havendo expressa manifestação de seu representante legal desistindo da interposição do recurso contra a decisão da Comissão, esta designará nova data para abertura do Envelope nº 02 — "Proposta de Preço", decorrido o prazo para recurso, conforme preceitua o art. 109, inciso I, letra "a", da Lei Federal nº 8.666/93.

2.1- No caso de haver interposição de recurso por parte de qualquer das proponentes, automaticamente fica a data de abertura do Envelope nº 02 "Proposta" alterada.

3- Na hipótese de o representante da licitante não se apresentar conforme mencionado nos subitens "1 e 1.1." supra, suas eventuais manifestações não serão consignadas em Ata.

4- No caso de a empresa licitante não se fizer representar legalmente, tal fato não impedirá sua participação no certame, bem como não implicará a inabilitação do licitante, mas o impedirá de discordar das decisões tomadas pela Comissão Julgadora de Licitações ou propor recursos relativos à habilitação/inabilitação de licitantes no ato da abertura.

VI- DOS CRITÉRIOS DE JULGAMENTO:

1- No julgamento levar-se-ão em conta, no interesse do serviço público, as condições de menor preço ou outro tipo adotado, como disposto no art. 45 da Lei Federal nº 8.666/93.

2- Obedecidas as disposições da Lei Federal nº 8.666/93, fica ressalvada à Comissão Julgadora de Licitações, a seu exclusivo critério e mesmo depois da apresentação das propostas, sem que caiba às concorrentes, nas hipóteses abaixo, pleitear indenização, compensação ou vantagens a qualquer título, o direito de:

a) julgar livremente a presente licitação;

b) propor, motivadamente, à autoridade superior, a anulação ou a revogação do certame;

c) desclassificar as propostas que não estejam em condições de assegurar execução satisfatória do objeto licitado, não atendam às exigências deste ato convocatório e que contenham preços excessivos ou manifestamente inexeqüíveis (art. 48, incisos I e II, da Lei Federal nº 8.666/93);

d) quando todos os licitantes forem inabilitados ou todas as propostas forem desclassificadas, a Comissão Julgadora de Licitações poderá fixar aos licitantes o prazo de 08 (oito) dias úteis para apresentação de nova documentação ou de outras propostas que não contenham as irregularidades que geraram a inabilitação ou a desclassificação.

VII- DO CRITÉRIO DE DESEMPATE:

Ocorrendo o empate das propostas, será adotado o seguinte critério, sucessivamente, aos serviços:

1- prestados por empresas brasileiras de capital nacional; e

2- prestados por empresas brasileiras.

Persistindo o empate, o desempate ocorrerá por sorteio, em ato público, para o qual todos os licitantes serão convocados (art. 3º, § 2º, e art. 45, § 2º, da Lei Federal nº 8.666/93).

VIII- DOS ENCARGOS LEGAIS:

Os encargos legais vigentes ou futuros, decorrentes da legislação social ou fiscal, bem como os originários da relação empregatícia entre a empresa a ser contratada e o pessoal por ela empregado na execução do objeto da presente licitação (trabalhista, previdenciária e securitária), ficarão inteiramente sob a responsabilidade da proponente vencedora, não mantendo o (a) ....
.... qualquer vínculo com os empregados da mesma.

IX- DAS SANÇÕES ADMINISTRATIVAS:

1- Aplicam-se à presente licitação as sanções previstas na Lei Federal nº 8.666/93, atualizada pela Lei Federal nº 8.883/94 e demais normas legais aplicáveis à matéria.

2- O valor das multas aplicadas será devidamente corrigido pela variação da (o).., até a data de seu efetivo pagamento, e recolhido em até .... dias da data de sua cominação, mediante Guia de Recolhimento Oficial.

X- DAS DISPOSIÇÕES FINAIS:

1- No interesse do (a) .... e caracterizada a conveniência e oportunidade, fica a licitante vencedora obrigada a aceitar nas mesmas condições propostas os acréscimos ou supressões dos serviços que se fizerem necessários, observado o limite estabelecido na legislação pertinente.

2- Nos termos do art. 48 e sem prejuízo do estabelecido no art. 109, ambos da Lei Federal nº 8.666/93, o descumprimento de qualquer das disposições contidas nos itens deste Edital e seus Anexos "1" e "2" poderá ensejar a inabilitação ou desclassificação, respectivamente.

3- As decisões da Comissão Julgadora de Licitações, bem como os demais atos de interesse dos licitantes, serão publicados no Diário Oficial do Estado.

Informações complementares ou dúvidas por parte da licitante interessada poderão ser obtidas e esclarecidas no endereço constante no item "1" do Anexo "1", com a Comissão Julgadora de Licitações, e os casos omissos também serão resolvidos pela mesma, à luz da legislação pertinente, ou submetidos por esta à autoridade superior.

São Paulo, ... de.................... de ....

Membros da Comissão

....
Nome   Nome   Nome
Cargo   Cargo   Cargo

SERVIÇOS
TIPO: MENOR PREÇO OU OUTRO ADOTADO

ANEXO "1"

1- LOCAL PARA INFORMAÇÕES E ESCLARECIMENTOS:

2- LOCAL PARA ENTREGA DOS ENVELOPES "01" e "02":

3- LOCAL PARA EXECUÇÃO DOS SERVIÇOS:

4- DA VALIDADE DA PROPOSTA:

O prazo de validade da proposta não poderá ser inferior a 60 (sessenta) dias, contados a partir da efetiva data de entrega das propostas.

5- FORMA DE PAGAMENTO:

Deixar explícito como serão as condições de pagamento

São Paulo, ... de........................ de ....

Membros da Comissão

....
Nome   Nome   Nome
Cargo   Cargo   Cargo

SERVIÇOS
TIPO: MENOR PREÇO OU OUTRO ADOTADO

ANEXO "2"

MEMORIAL DESCRITIVO:

1- Do Objeto:...
....

Colocar todas as características do objeto a ser licitado, bem como a quantidade.
Deve ser observado que é proibida a menção de marca.

São Paulo, ... de........................ de ....

Membros da Comissão

....
Nome   Nome   Nome
Cargo   Cargo   Cargo

CONVITE Nº ....../........
COMPRAS OU SERVIÇOS
TIPO: MENOR PREÇO OU OUTRO ADOTADO

OBJETO:

ENCERRAMENTO: DIA / / , ÀS : HORAS.

Pelo presente, convidamos a participar de licitação, na modalidade Convite, aberta na(o) .... do(a) ...., nos termos da Lei Federal nº 8.666, de 21 de junho de 1993, com as alterações introduzidas pela Lei Federal nº 8.883, de 08 de junho de 1994, e demais normas aplicáveis à espécie, observadas as seguintes condições:

I - DO OBJETO:

O objeto licitado e outras condições constam dos Anexos "1", "2" e "3" (se tiver contrato), que contêm as especificações necessárias ao presente certame, os quais ficam fazendo parte integrante deste Convite, como se aqui estivessem transcritos.

II - DA ABERTURA DOS ENVELOPES:

a) Dia: ...., às : horas.

b) Local: ....

III - DO LOCAL DE ENTREGA DOS ENVELOPES:

Impreterivelmente, até às : horas, do dia ...., na(o) ...., situada (o) na ....

IV - DA FORMA DE APRESENTAÇÃO:

1 - ENVELOPES:

Opacos, contendo na parte externa o nome ou razão social da proponente, endereço e telefone, número do Processo e do Convite, data da abertura do mesmo, destinados à(ao) ....
..........................., fechados e rubricados, contendo:

2 - DOCUMENTAÇÃO:

a) Nos termos do que dispõe o § 3º, do art.195, da Constituição Federal, e inciso IV, do art. 29, da Lei Federal nº 8.666/93, a empresa proponente está obrigada a apresentar, juntamente com a proposta, o Certificado de Regularidade do FGTS e Certidão Negativa de Débitos (CND), expedida pelo Instituto Nacional de Seguridade Social - INSS;

b) Os referidos documentos deverão ser apresentados em original ou por cópia autenticada. A autenticação poderá ser feita por membro da Comissão Julgadora da Licitação, mediante apresentação dos originais.

3 - PROPOSTAS:

a) Em papel timbrado ou com a identificação segura da licitante, em 2 (duas) vias, contendo a razão social, endereço, telefone, número do fax, quando houver, número do CGC, datadas e assinadas pelos representantes legais das proponentes;

b) Descrição mencionando, de forma clara e sucinta, o objeto e suas características, constando preço unitário e total, impostos incidentes e a somatória geral por extenso;

c) O prazo da validade da proposta não poderá ser inferior a 60 (sessenta) dias, contados a partir da data de entrega da proposta;

d) Outros esclarecimentos, se solicitados no Anexo "2";

e) Nome, RG, CPF e cargo das pessoas autorizadas a firmar contrato, se for o caso;

f) Declaração expressa de aceitação de todas as condições do presente Edital, <u>sendo tácita</u> quando omitida, bem como de que se sujeitará integralmente às disposições legais que regem as normas gerais sobre licitações e contratos no âmbito do Poder Público.

TODA A DOCUMENTAÇÃO DEVERÁ SER APRESENTADA SEM QUAISQUER RASURAS, EMENDAS, BORRÕES OU RESSALVAS.

V - DOS CRITÉRIOS DE JULGAMENTO:

No dia, hora e local estabelecidos no item II, a Comissão Julgadora procederá à abertura dos Envelopes contendo as propostas das interessadas.

1 - No julgamento levar-se-ão em conta, no interesse do serviço público, as condições de menor preço ou outro tipo adotado, como disposto no art. 45 da Lei Federal nº 8.666/93.

2- Obedecidas as disposições da Lei Federal nº 8.666/93, fica ressalvado à Comissão Julgadora deste Convite, a seu exclusivo critério e mesmo depois da apresentação das propostas, sem que caiba às concorrentes, nas hipóteses abaixo, pleitear indenização, compensação ou vantagens a qualquer título, o direito de:

a) julgar livremente a presente licitação;

b) propor, motivadamente, à autoridade superior, a anulação ou a revogação do certame;

c) desclassificar as propostas que não estejam em condições de assegurar execução satisfatória do objeto licitado, não atendam às exigências deste ato convocatório e que contenham preços excessivos ou manifestamente inexeqüíveis (art. 48, incisos I e II, da Lei Federal nº 8.666/93);

d) quando todas as propostas forem desclassificadas, a Administração poderá fixar aos licitantes o prazo de 03 (três) dias úteis para apresentação de novas propostas que não contenham as irregularidades que geraram a desclassificação.

VI - DO CRITÉRIO DE DESEMPATE:

Ocorrendo o empate das propostas, será adotado o seguinte critério, sucessivamente, aos bens e serviços:

1 - produzidos ou prestados por empresas brasileiras de capital nacional;
2 - produzidos no País;
3 - produzidos ou prestados por empresas brasileiras.

Persistindo o empate, o desempate ocorrerá por sorteio, em ato público, para o qual todos os licitantes serão convocados (art. 3º, § 2º, e art. 45, § 2º, da Lei Federal nº 8.666/93).

VII - DOS ENCARGOS LEGAIS:

Os encargos legais vigentes ou futuros, decorrentes da legislação social ou fiscal, bem como os originários da relação empregatícia entre a empresa a ser contratada e o pessoal por ela empregado na execução do objeto da presente licitação (trabalhista, previdenciária e securitária), ficarão inteiramente sob a responsabilidade da proponente vencedora, não mantendo a(o) .... qualquer vínculo com os empregados da mesma.

VIII - DAS SANÇÕES ADMINISTRATIVAS:

1- Aplicam-se à presente licitação as sanções previstas na Lei Federal nº 8.666/93, atualizada pela Lei Federal nº 8.883/94 e demais normas legais aplicáveis à matéria.

2- O valor das multas aplicadas será devidamente corrigido pela variação da (o)........................., até a data de seu efetivo pagamento, e recolhido em até .... dias da data de sua cominação, mediante Guia de Recolhimento Oficial.

IX - DAS DISPOSIÇÕES FINAIS:

1- Nos termos do art. 48, e sem prejuízo do estabelecido no art. 109, ambos da Lei Federal nº 8.666/93, o descumprimento de qualquer das disposições contidas nos itens deste Convite e seus Anexos "1" e "2" poderá ensejar a desclassificação.

2- Informações complementares ou dúvidas por parte da licitante interessada poderão ser obtidas e esclarecidas no endereço constante no item "1" do Anexo "1", com a Comissão Julgadora desta licitação, e os casos omissos também serão resolvidos pela mesma, à luz da legislação pertinente, ou submetidos por esta à autoridade superior.

Cópia deste instrumento convocatório será afixada no quadro de avisos do Edifício localizado na ...., para fins de consulta por parte de qualquer interessado, ficando estendido seu acesso aos interessados cadastrados na correspondente especialidade, e que, no eventual interesse em participar da licitação, deverão requerer por escrito, desde que com antecedência de 24 (vinte e quatro) horas da apresentação das propostas. Esse requerimento deverá ser dirigido e entregue na(o) ...., situada(o) na ...., acompanhado do Certificado de Registro Cadastral expedido por qualquer órgão ou entidade da Administração Pública, dentro do prazo de validade.

São Paulo, ... de .... de ....

Nome dos membros da Comissão Julgadora de Licitação
ou do Responsável pelo Convite

COMPRAS OU SERVIÇOS
TIPO: MENOR PREÇO OU OUTRO ADOTADO

ANEXO "1"

1- LOCAL PARA INFORMAÇÕES E ESCLARECIMENTOS:

2- LOCAL PARA ENTREGA DOS ENVELOPES

3- LOCAL PARA ENTREGA DO MATERIAL OU EXECUÇÃO DOS SERVIÇOS:

4- FORMA DE PAGAMENTO:

Deixar explícito como serão as condições de pagamento.

São Paulo, ... de .... de ....

Nome dos membros da Comissão Julgadora de Licitação
ou do Responsável pelo Convite

COMPRAS OU SERVIÇOS
TIPO: MENOR PREÇO OU OUTRO ADOTADO

ANEXO "2"

1- MEMORIAL DESCRITIVO:

Colocar todas as características do objeto a ser licitado, bem como a quantidade.

Deve ser observado que é proibida a menção de marca.

São Paulo, ... de .... de ....

**Nome dos membros da Comissão Julgadora de Licitação
ou do Responsável pelo Convite**

Roteiro para elaboração de edital de concorrência, concurso e leilão

I) EM CASO DE CONCORRÊNCIA:

Pode-se adotar o mesmo modelo apresentado para Tomada de Preços, apenas substituindo a expressão "Tomada de Preços" por "Concorrência".

II) EM CASO DE CONCURSO:

Pode-se adotar o mesmo modelo apresentado para Tomada de Preços, com as adaptações a seguir:
a) substituir a expressão "Tomada de Preços" por "Concurso";
b) nessa modalidade, não existe o tipo de licitação;
c) pode ser eliminado o item "Documentação", caso não haja habilitação dos participantes, visto que o art. 32 da Lei nº 8.666/93 faculta a dispensa, total ou parcial, da exigência de documentação para habilitação em caso de Concurso;
d) eliminar o item "Critério de Desempate", uma vez que só se aplica para bens ou serviços; e
e) deve estar expresso se o vencedor receberá remuneração ou prêmio.

III) EM CASO DE LEILÃO:

a) substituir o termo "Tomada de Preços" por "Leilão";

b) pode ser eliminado o item "Documentação", visto que o art. 32 da Lei nº 8.666/93 faculta a dispensa, total ou parcial, da exigência de documentação para habilitação em caso de Leilão;
c) eliminar o item "Critério de Desempate", uma vez que só se aplica para bens ou serviços; e
d) não há entrega de envelopes, mas lances. O julgamento deve ser feito em sessão (ou sessões) especialmente realizada(s) para tal.

Modelos de atas e publicações

ATA DE JULGAMENTO DO ENVELOPE Nº 01 - "DOCUMENTAÇÃO"

Tomada de Preços ou Concorrência nº ..../..... Processo nº ..../.....

Objeto: ....

Aos .... dias do mês de .... de ...., na ...., situada na ...., reuniu-se a Comissão Julgadora da presente Tomada de Preços ou Concorrência, designada de acordo com a legislação que rege a matéria, a fim de julgar o envelope nº 01 - "Documentação". Assim, da apreciação e do julgamento da documentação apresentada pelas empresas licitantes, a Comissão Julgadora, nos termos da Lei Federal nº 8.666/93, alterada pela Lei Federal nº 8.883/94, decide em sua unanimidade INABILITAR, se for o caso, a(s) empresa(s) ...., por .... (colocar a causa da inabilitação), e HABILITAR a(s) empresa(s) .... Nada mais havendo a ser tratado, o(a) Presidente deu por encerrada a sessão. Foi por mim, ..., secretária(o), lavrada a presente ata que, depois de lida e aprovada, vai por todos assinada, na forma da legislação vigente.

....
Presidente   Membro

....
Membro

ATA DE ABERTURA E JULGAMENTO ENVELOPE "PROPOSTA"

Tomada de Preços, Concorrência ou Convite nº ..../..... Processo nº ..../....

Objeto: ....

Aos .... dias do mês de .... de ...., na ...., situada na ...., reuniu-se a Comissão Julgadora desta licitação ou Responsável (para modalidade Convite), a fim de analisar, apreciar e julgar as propostas das empresas que estão participando do certame. Dando início aos trabalhos, passaram-se a examinar as propostas das empresas licitantes, em que o Responsável ou os membros da Comissão Julgadora decide(m), em sua unanimidade, DESCLASSIFICAR, se for o caso, a(s) empresa(s) .... por .... (colocar o motivo da desclassificação), e CLASSIFICAR a(s) proposta(s) restante(s) na seguinte conformidade: em 1º lugar, a ...., no valor total de .... ; em 2º lugar, a ...., no valor total de ....; em 3º lugar, a ...., no valor total de .... e assim sucessivamente. O critério utilizado para fins de julgamento foi o de ...., de acordo com o estabelecido no instrumento convocatório. Constatou-se que o(s) preço(s) apresentado(s) pela(s) licitante(s) vencedora(s) é(são) compatível(is) com o praticado no mercado. Nada mais havendo a ser tratado o(a) Senhor(a) Responsável ou Presidente deu por encerrada a sessão. Foi por mim, ..., secretária(o), lavrada a presente ata que, depois de lida e aprovada, vai por todos assinada, na forma da legislação vigente.

| Presidente | Membro | Membro |

Nota: Em caso de julgamento por itens, a classificação se dará item a item. É como se fossem várias licitações dentro de um único procedimento licitatório.

ATA DE REALIZAÇÃO DE SORTEIO PARA DESEMPATE

Tomada de Preços, Concorrência ou Convite nº ..../..... Processo nº ..../....

Objeto: ....

Aos .... dias do mês de .... de ....,
na ...., situada na
..................................., reuniu-se a Comissão Julgadora desta licitação ou Responsável (para modalidade Convite), para proceder à realização do sorteio para desempate do(s) item (itens) ....
.... Dando início aos trabalhos, verificou-se que a(s) empresa(s) que se apresentou (apresentaram) para assistir ao presente sorteio foi(foram): ....
.... Em seguida, procedeu-se ao sorteio propriamente dito, em que ficou convencionado que a ordem do sorteio corresponderia à ordem de classificação, sendo que os termos e condições constantes na presente Ata foram previamente submetidos ao(s) presente(s), que anuíram quanto ao proposto. Dessa forma, constatou-se que a classificação se deu na seguinte conformidade: em 1º lugar, a ....;
em 2º lugar, a ....;
em 3º lugar, a ....,
e assim sucessivamente. Nada mais havendo a ser tratado, o(a) Senhor(a) Responsável ou Presidente deu por encerrada a sessão. Foi por mim, ..., secretária(o), lavrada a presente ata, que depois de lida e aprovada vai por todos assinada, na forma da legislação vigente.

....
Presidente   Membro

....
Membro

PUBLICAÇÕES
ATA DE JULGAMENTO DO ENVELOPE Nº 01 - "DOCUMENTAÇÃO"

Tomada de Preços ou Concorrência nº ..../...... Processo nº ..../.....

Objeto: ....

A Comissão Julgadora da presente Tomada de Preços ou Concorrência, nos termos da Lei Federal nº 8.666/93, alterada pela Lei Federal nº 8.883/94, decide em sua unanimidade INABILITAR, se for o caso, a(s) empresas ...., por .... (colocar a causa da inabilitação), e HABILITAR a(s) empresa(s) ....
....

Dessa forma, as empresas licitantes ficam cientificadas de que poderão apresentar recurso contra a decisão da Comissão Julgadora, no prazo de 5 (cinco) dias úteis, contados da data desta publicação, conforme preceitua a alínea "a" do inciso I do art. 109 do diploma legal acima mencionado.

ATA DE ABERTURA E JULGAMENTO ENVELOPE "PROPOSTA"

Tomada de Preços, Concorrência ou Convite nº ..../.... Processo nº ..../....

Objeto: ....

A Comissão Julgadora da presente Tomada de Preços, Concorrência ou Convite, nos termos da Lei Federal nº 8.666/93, alterada pela Lei Federal nº 8.883/94, decide, em sua unanimidade, DESCLASSIFICAR, se for o caso, a(s) empresa(s) .... por .... (colocar o motivo da desclassificação), e CLASSIFICAR a(s) proposta(s) restante(s) na seguinte conformidade: em 1º lugar, a ...., no valor total de .... ; em 2º lugar, a ...., no valor total de ....; em 3º lugar, a ...., no valor total de .... e assim sucessivamente. O critério utilizado para fins de julgamento foi o de ...., de acordo com o estabelecido no instrumento convocatório. Constatou-se que o(s) preço(s) apresentado(s) pela(s) licitante(s) vencedora(s) é(são) compatível(is) com o(os) praticado(os) no mercado.

Dessa forma, as empresas licitantes ficam cientificadas de que poderão apresentar recurso contra a decisão da Comissão Julgadora, no prazo de 5 (cinco) dias úteis, contados da data desta publicação, conforme preceitua a alínea "b" do inciso I do art. 109 do diploma legal acima mencionado.

Nota: A lei não exige a publicação do julgamento do Convite, mas é recomendável que isso seja feito para demonstrar transparência nos atos praticados pela Administração.

Concurso e leilão

I) EM CASO DE CONCURSO:

Se houver exigências quanto à qualificação dos participantes, pode ser utilizado o mesmo modelo de ata de habilitação apresentado para Tomada de Preços ou Concorrência. Não havendo exigências referentes à habilitação, o modelo da ata de julgamento do 2º Envelope poderá ser utilizado com as devidas adaptações.

II) EM CASO DE LEILÃO:

a) deve ser colocado como objeto: Realização do pregão;
b) devem ser especificados quais bens foram arrematados, o(s) nome(s) dos arrematantes e as condições de pagamento; e
c) nome, assinatura e número do registro do leiloeiro oficial (ou nome e assinatura do servidor público designado para esse fim).

Bibliografia

BLANCHET, Luiz Alberto. *Roteiro prático das licitações*, 2ª ed., Curitiba, Juruá, 1994.

CASTRO, Carlos Borges. *Desvios na licitação*, 1ª ed., São Paulo, Imesp, 1994.

CRETELLA JÚNIOR, José. *Licitações e contratações administrativas*, Rio de Janeiro, Forense, 1993.

DALLARI, Adilson Abreu. *Aspectos jurídicos da legislação*, 3ª ed., São Paulo, Saraiva, 1980 e 1992.

DINIZ, Maria Helena. *Lei de locações de imóveis*, São Paulo, Saraiva, 1992.

FRANCO, Hilário. *Estrutura, análise e interpretação de balanços*, São Paulo, Atlas, 1989.

FERRAZ, Sérgio e FIGUEIREDO, Lúcia Valle. *Dispensa e inexigibilidade de licitação*, 3ª ed., São Paulo, Malheiros, 1995.

GASPARINI, Diógenes. *Direito administrativo*, São Paulo, Saraiva, 1992.

IUDÍCIBUS, Sérgio. *Análise de balanços*, São Paulo, Atlas, 1982.

────────── *Contabilidade introdutória*, São Paulo, Atlas, 1986.

MEIRELLES, Hely Lopes. *Direito administrativo brasileiro*, 19ª ed., São Paulo, Malheiros, 1994.

MELLO, Celso Antônio Bandeira. *Curso de Direito administrativo*, 5ª ed., São Paulo, Malheiros, 1994.

MENDES, Raul Armando. *Comentário ao estatuto jurídico das licitações e contratos administrativos*, São Paulo, Saraiva, 1991.

MOTTA, Carlos Pinto Coelho. *Eficácia nas licitações e contratos*, 5ª ed., Belo Horizonte, Del Rey, 1995.

PIETRO, Maria Sylvia Zanella Di. *Temas polêmicos sobre licitações e contratos*, 1ª ed., São Paulo, Malheiros, 1995.

SUNDFELD, Carlos Ari. *Licitação e contrato administrativo*, 1ª ed., São Paulo, Malheiros, 1995.